GOLDMANN
ARKANA

W0072123

Buch

Was erwartet uns am Ende unseres Lebens? Ist mit dem Versiegen der Hirn-aktivität unser individuelles Bewusstsein ausgelöscht? Bedeutet der Tod die endgültige Auflösung alles dessen, was während unserer Lebensspanne wich-tig schien, was Sinn und Bindungen gestiftet hatte?

Diese Frage beschäftigt die Menschheit seit Jahrtausenden. Doch woher soll die Antwort kommen, wenn unsere irdische Erfahrung durch den Tod unüberwindlich begrenzt ist?

Gelegentlich erhaschen Menschen flüchtige Blicke über die Grenze des Todes. In Lebensgefahr, auf der Kippe zum Tod, stellen sich manchmal be-stimmte Erlebnisse ein, an die sich die Fast-Gestorbenen nach der Rückkehr zum Leben und Bewusstsein noch erinnern können.

Johannes Michels dokumentiert eine Vielzahl solcher Zeugnisse von Men-schen mit Nahtoderfahrungen. Ihre Authentizität ist geprüft, ihre Aussage-kraft von zwingender Eindeutigkeit: So vielfältig die Formen und Umstände des nahezu eingetretenen Todes auch sein mögen, immer werden sie von dem Bewusstsein der Sterbenden erlebt als ein Heraustreten aus dem Körper, als ein Übergang in eine Sphäre des Lichts und des Glücks. Oft wird an der Schwelle zum Jenseits auch von Begegnungen mit verstorbenen Angehörigen oder Freunden berichtet, von Vorhersagen, die sich später erfüllt haben und von Informationen, die Heilung und Hilfe ins irdische Leben brachten.

Diese packenden Fallgeschichten bestätigen eindringlich: Wir verlassen im Tod nur unseren Körper und unsere irdischen Leiden. Es erwartet uns danach ein Jenseits, in dem wir vieles verstehen werden, was uns hier sinnlos und zu-fällig erscheint, denn Täuschungen und Irrtümer sind dort zu Ende.

Autor

Prof. Dr. Johannes Michels, geboren 1938 in Laubach-Leienkaul/Eifel, pro-movierte in Erziehungswissenschaften und war als Pädagoge und Direktor an verschiedenen Bildungsanstalten, vor allem für Hörgeschädigte, tätig. 1990 wurde er als Professor an die Universität Osnabrück (Fachbereich Erziehungs-und Kulturwissenschaften) berufen; es folgten Berufungen an die Königlich-Spanische Staatsuniversität in Valencia (Fachbereich Psychologie) und an die Universität von Zielona Góra in Polen (Fachbereich Germanistik). Prof. Mi-chels lebt in Georgsmarienhütte.

Johannes Michels

Berichte
von der
Jenseitsschwelle

Authentische Fälle von
Nahtoderfahrungen

GOLDMANN
ARKANA

FSC
Mix
Produktgruppe aus vorbildlich
bewirtschafteten Wäldern und
anderen kontrollierten Herkünften

Zert.-Nr. SGS-COC-001940
www.fsc.org
© 1996 Forest Stewardship Council

Verlagsgruppe Random House FSC-DEU-0100
Das FSC-zertifizierte Papier *München Super* für dieses Buch
liefert Arctic Paper Mochenwangen GmbH.

2. Auflage
Originalausgabe Oktober 2008
© 2008 Arkana, München
in der Verlagsgruppe Random House GmbH
Umschlaggestaltung: Design Team München
Umsschlagfoto: getty-images/Bjorn Alander
Redaktion: Ralf Lay
WL · Herstellung: CZ
Satz: Greiner & Reichel, Köln
Druck und Bindung: GGP Media GmbH, Pößneck
Printed in Germany
ISBN 978-3-442-21832-5
www.arkana-verlag.de

Inhalt

Schlussfolgerungen aus den Darstellungen

Vorwort

Was passiert im Moment des Todes? Und was geschieht danach? Diese zwei Fragen werden meist verdrängt. Zumindest insgeheim gehören sie aber zu den wichtigsten Fragen jedes denkenden Menschen.

Wer kann sie beantworten? Offenbar niemand. Oder doch?

Ja, es gibt Menschen, die dazu tatsächlich in der Lage sind, weil sie Erlebnisse hatten, die sich in unmittelbarer Todesnähe ereigneten. Durch schwerste körperliche Erkrankungen oder Verletzungen gerieten sie an den Rand der Lebensfähigkeit bis hin zur medizinischen (Fast-)Todeserklärung.

Und über jene Erlebnisse in direkter Nähe ihres Todes berichteten diese Menschen nach ihrer Rückkehr ins diesseitige Leben. Aber nicht nur das. Sie vermittelten auch Informationen, die sie in Gesprächen mit Personen beziehungsweise Wesen aus der Welt erfuhren, die nicht oder nicht mehr zur diesseitigen Wirklichkeit gehören.

Als Autor hatte ich mich schon mit vielen Themen befasst, allerdings noch nicht mit Jenseitsberichten. Erst zwei mir sehr nahestehende Persönlichkeiten lenkten mein Interesse durch ihre eigenen Erlebnisse auf das unglaubliche Phänomen der Nahtodeserfahrung, das ich zunächst überhaupt nicht wahrhaben wollte. Ich dachte zuerst an reine Phantasie- und Traumgebilde.

Als aber die in diesen Berichten prophezeiten Geschehnisse später tatsächlich eintrafen, und zwar nicht nach ungefährer Vorhersage, sondern ganz eindeutig und exakt, nahm ich mir, zunächst sehr zurückhaltend, vor, diesem Phänomen einmal auf den Grund zu gehen.

Nun aber begannen die Schwierigkeiten: Die denkbaren Informationsquellen – Krankenhäuser und Ärzte – schieden aus Gründen des Datenschutzes aus.

Also gab es nur die Möglichkeit, die betreffenden Personen direkt selbst zu suchen und um die Mitteilung ihrer Erfahrungen zu bitten. Dieser Weg war recht mühsam, langwierig und umständlich. Doch führte er im Laufe der Zeit zum Erfolg. Allerdings wollten fast ausnahmslos alle der Berichtenden, dass ihr Persönlichkeitsumfeld vertraulich behandelt würde und sie anonym blieben. Daher wurden unter anderem die Namen verfremdet.

Faktisch aber sind die Berichte natürlich authentisch. Sie stehen im Mittelpunkt dieses Buches. Anschließend wird in manchen Fällen in allgemein verständlicher Weise kurz erörtert, weswegen diese

Berichte glaubwürdig sind. Man kann davon ausgehen, dass bei allen diesen Darstellungen Aussagen vorliegen, die einen wahrheitsgemäßen, möglichst umfassenden, oft auch überwältigenden Eindruck von der Existenz jenseits der diesseitigen Welt wiedergeben.

Die Berichte stammen zum Teil von Kindern und Jugendlichen, die sich ihr Wissen von »der anderen Welt« sicher nicht angelesen oder sonst wie erfahren haben, sowie von Männern und Frauen, die zuvor jeglicher Religion und allen Jenseitsvorstellungen gegenüber ablehnend eingestellt waren.

Im Anschluss an die Berichte werden die denkbaren Schwerpunkte erörtert, die sich aus den Informationen aus dem Jenseits ergeben. Dabei geht es zunächst um das Ende des diesseitigen Lebens, das wir »Tod« nennen, aber nach den hier wiedergegebenen Erfahrungen eine andere Bedeutung erhält.

Ein weiterer Schwerpunkt ist die Frage, ob »es« nach dem Ende des diesseitigen Lebens »weitergeht« oder ob alles im Nichts endet.

Besonders wichtige Schlussfolgerungen aus den Berichten beziehen sich auch auf Aussagen zu einem höheren Wesen respektive Allerhöchsten: die Teilhabe an der sogenannten Glücksgemeinschaft oder die Trennung von ihr.

Schließlich findet auch eine aus den Berichten hergeleitete kurze Erörterung zur Beurteilung des irdischen Lebens sowie zu weltanschaulichen Vorstellungen von Atheismus oder Gläubigkeit und Religion statt.

Osnabrücker Land, im Frühjahr 2008
Prof. Dr. Johannes Michels

Berichte

von der

Jenseitsschwelle

Die Begegnung mit
dem verstorbenen Vater

Die Eileiterschwangerschaft der Studentin Beata O. war so weit fortgeschritten, dass sie, wie sich später herausstellte, inzwischen etwa zehn Liter Blut im Bauchraum hatte. In diesem Zustand stürzte sie im Studentenheim plötzlich zu Boden und fiel in tiefe Bewusstlosigkeit. Von der höchst lebensgefährlichen Bedrohlichkeit hatte weder sie noch sonst jemand in ihrem Umfeld auch nur die geringste Vermutung gehabt. Sie ahnte, dass etwas mit ihrer Bauchregion nicht stimmte, mehr aber auch nicht. Die konsultierten Ärzte hegten den Verdacht, es läge eine Entzündung der Bauchspeicheldrüse vor. Sie sprachen von der Notwendigkeit einer stationären Untersuchung im Krankenhaus. Und dabei blieb es zunächst.

Von der Zeit und dem Zustand tiefster Bewusstlosigkeit schilderte Beata O. folgende Eindrücke:

Ich fühlte nun keinerlei Schmerzen mehr, die ich bis zu meinem Sturz auf den Boden gespürt hatte. Vielmehr erfasste mich ein Gefühl der Wärme und Harmonie. Da sah ich mich auf einmal in der Wohnung meiner Eltern wieder. Ich blickte zunächst in den Hausflur. Dort sah ich Mäntel hängen, wie sie früher Gäste meines Vaters getragen hatten. Das Eigenartige daran war jedoch, dass mein Vater bereits seit Jahren tot war. Er schien mit diesen Gästen im Wohnzimmer Bridge zu spielen. Das hatte er zu Lebzeiten nach Feierabend und an arbeitsfreien Tagen immer sehr gern gemacht.

Soweit ich es beurteilen konnte, waren diese Gäste zum großen Teil aber auch schon vor Jahren gestorben. Dies störte mich jedoch nicht. Für mich war das ganz natürlich und selbstverständlich. Ich freute mich, zu Hause zu sein.

Als ich in den Flur trat, kam mein Vater aus dem Wohnzimmer heraus und begrüßte mich überaus herzlich und liebevoll. Ich verbarg meinen aufgewölbten Bauch vor meinem Vater hinter den Mänteln im Flur.

Ohne dass er auf meinen Leib schaute, äußerte er sich. Ich vernahm seine Gedanken, als ob er sprechen würde: »Versteck deinen Bauch nicht hinter den Mänteln. Du musst ihn vielmehr in Ordnung bringen lassen. Das muss bald geschehen. Es ist höchste Zeit!«

Mein Vater wusste um das Problem, ohne hinzuschauen, und er äußerte sich, ohne wirklich zu sprechen. Ich erfuhr in Gedanken, was er meinte. Er teilte mir mit, was er dachte, aber völlig ohne geäußerte Worte. Und ich wunderte mich darüber,

dass ich verstand, was er sagte, ohne dass er irgendetwas sprachlich zum Ausdruck gebracht hatte. Ich
wusste dennoch, was er meinte. Es war genau so, als
ob er klar und deutlich gesprochen hätte.

Wir redeten weiter miteinander, ohne wirklich zu
sprechen. Er bedeutete mir rein in Gedanken: »Kind,
versteck deinen Bauch nicht. Du bist mit diesem
Bauch in Lebensgefahr.«

»Aber Papa, woher weißt du, was mit mir und
meinem Bauch passiert, und was mit ihm los ist?«

»Beata, ich weiß es, und das ist wichtig. Aber noch
wichtiger ist, dass du in einem Krankenhaus operiert
wirst. Die Sache mit deinem Leib muss sehr schnell
geregelt werden. Wenn die Ärzte das nicht von sich
aus tun, dann musst du es ihnen notfalls sagen, wenn
du wieder wach bist. Aber die Ärzte werden deinen
Zustand jetzt richtig einschätzen. Und eine Ärztin
wird die rettende Operation veranlassen.«

Da erwachte ich wie aus einem sehr tiefen Schlaf
und sah meine Umgebung wie durch einen Nebel-
schleier. Ich erkannte mich auf einer Liege im
Rettungswagen auf dem Weg zum Krankenhaus.
Neben mir saß eine Ärztin. Ich spürte auch meine
schrecklichen Leibschmerzen wieder, die so furchtbar
wurden, dass ich erneut die Besinnung verlor und in
tiefste Bewusstlosigkeit versank.

Nun sah ich mich – nur mit einem Bademantel bekleidet – auf einer riesigen Wiese mit vielen Blumen und fühlte mich unendlich wohl. Vor mir erkannte ich eine riesige Holztür, die von der Wiese bis hoch zum Himmel aufragte. Und nun sah ich auch wieder meinen Vater, der mich liebevoll anschaute.

Ich fragte ihn: »Wozu gibt es diese riesige Tür? Was ist dahinter? Kann ich nicht durch sie hindurchgehen?«

»Nein«, sagte er. »Durch diese Tür darfst du noch lange nicht gehen. Du bleibst viele weitere Jahre im Leben auf der Erde. – Wichtig ist jetzt, dass dein Bauch in Ordnung gebracht wird. Dann wirst du dein Studium abschließen, heiraten und Kinder bekommen.«

»Aber hier ist es doch so schön. Ich bin glücklich und froh. Darf ich nicht einfach hierbleiben?«

»Ja, hier ist es schön und wunderbar. Aber du kannst und darfst nicht hierbleiben. Denn auf der Erde hast du noch sehr viele Aufgaben. Es wird auch nicht immer einfach für dich sein. Aber du wirst alles sehr gut bewältigen.«

»Und was ist hinter dieser riesigen Tür?«

»Das ist die Ewigkeit, das Dasein nach dem Abschied vom Leben auf der Erde. Und wenn deine Zeit gekommen ist, dann wird sich diese Tür auch für dich

öffnen. Dann wirst du durch sie hindurchgehen. Aber jetzt noch nicht.«

Und damit war mein Vater weg. Er war nicht mehr zu sehen. Und auch die Wiese und mein Elternhaus waren verschwunden.

Ich wurde dann operiert und somit gerettet, wie es mir mein Vater prophezeit hatte. Auch seine Aussage, dass eine Ärztin die rettende Operation veranlassen würde, stimmte, ebenso seine Darstellung der Lebensgefahr für mich, denn wie man mir später sagte, wurde ich buchstäblich im letzten Moment gerettet.

Versucht man, diese Vision zu erklären, so könnte man zunächst annehmen, es handle sich um einen Traum, wie man ihn zuweilen erlebt: einen Traum, in dem wir Verstorbenen begegnen, ohne dass damit Zukunftsvisionen verbunden sind. Das Entscheidende ist dabei der Schwerpunkt Zukunft. Man hält Zwiesprache mit Verstorbenen. Diese Dialoge befassen sich im Traum aber in der Hauptsache mit Ereignissen zu Lebzeiten dieser Verstorbenen beziehungsweise mit Erlebnissen dessen, der den Traum hat. Zukünftige Vorkommnisse bleiben in der Regel ausgespart, schon allein deshalb, weil die träumende Person nur über das Wissen verfügt, das sie bis zum Einsetzen des Traums gesammelt hat. Das legt nahe: Ein gewöhnlicher Traum bewegt sich im Umfeld von Vergangenheit respektive Gegenwart. Alles jedoch, was mit der Zukunft zusammenhängt, bleibt normalerweise ausgeklammert. Da in dieser Vision der tief bewusstlosen Beata O. aber hauptsächlich Probleme mit ausgesprochenem Zukunftscharakter folgerichtig dargestellt werden und deren realistische Lösung – wie sie anschließend im »richtigen Leben« auch geschieht – erörtert wird, ist der Traum als Erklärungsmöglichkeit für das Berichtete unwahrscheinlich.

Als weitere Erklärungsmöglichkeit bietet sich eine Geisteskrankheit beziehungsweise seelische Störung an. Damit geht jedoch zumeist eine Depression, also tiefste Trauer und Schwermut (ohne jeglichen tatsächlichen Grund) oder – im Falle einer Manie – grundlose euphorische Freude einher. Bei dieser Vision aber zeigt sich weder eine Depression noch irgendeine Euphorie. Außerdem weist die Familiengeschichte wie auch die persönliche Biographie der Studentin keinerlei Anhaltspunkte für eine geistige Störung auf.

Trugbilder, also Halluzinationen, als Folge bestimmter biochemischer Vorgänge im Gehirn könnten natürlich ebenso Ursache für solche Visionen sein. Derartige Wahrnehmungen sind hier aber ähnlich wie bei den Träumen unwahrscheinlich, weil sie Elemente zukünftiger Geschehnisse enthalten.

Bleibt noch die Intuition (Eingebung, Vorahnung) als Erklärungsmodell. Diese ist jedoch charakterisiert von Erlebnissen oder Erkenntnissen, die eher einen Momentancharakter haben. Auch der Intuition mangelt es fast durchgängig an (»zuverlässigen«) Aussagen, also tatsächlich eintreffenden Fakten, um die es bei der geschilderten Vision aber eindeutig geht.

Bei der hier dargestellten Vision handelt es sich um ein mit wissenschaftlichen Methoden bisher nicht zu erklärendes Phänomen. Diese Vision weist nämlich einerseits einen höchstmöglichen Realitätsbezug im Hinblick auf zukünftige Geschehnisse auf. Andererseits hat sie aber auch enge Berührung mit einer verstorbenen Person, dem Vater, der offenbar nicht von der diesseitigen, sondern aus einer anderen Welt heraus Hinweise gibt, die jedoch äußerst wichtig sind, weil sie sehr wirklichkeitsnah auf lebenserhaltende Maßnahmen hinweisen.

In der Kommunikation der todkranken Studentin mit dem verstorbenen Vater offenbart sich deshalb glaubwürdig eine Verzahnung zwischen dem Diesseits und ebenjener phänomenal anderen Welt.

Diese und ähnliche Überlegungen treffen auch auf alle folgenden Beispiele mehr oder weniger deckungsgleich zu.

Eine außerkörperliche Erfahrung

Ein Medizinwissenschaftler geriet mit seinem Wagen ins Schleudern. Das Auto überschlug sich mehrmals und landete auf dem Dach im Straßengraben. Der Wagen war völlig demoliert und zusammengedrückt. Der eingequetschte Fahrer trug schwerste Verletzungen davon und musste mit der Rettungsschere aus dem Wagen befreit werden. Er war blutüberströmt, völlig verrenkt und zusammengequetscht und wurde mit einem Rettungshubschrauber in ein nahegelegenes Krankenhaus geflogen. Dort wurde er sogleich in den Operationssaal gefahren und stundenlang operiert.

Nach seiner Genesung einige Monate später erinnerte er sich und berichtete:

Den Augenblick des schweren Unfalls erlebte ich, als erlitte mein Körper heftige Schläge. Schmerzen spürte ich aber nicht mehr. Ich verfiel vielmehr in einen tiefen Schlaf. Körperlich erfasste mich so etwas wie tiefste Bewusstlosigkeit. Nun könnte man annehmen, ich hätte diesen Tiefstschlaf ohne irgendein Erlebnis erfahren. Aber es kam anders: Ich geriet in einen Zustand, in dem ich alles, was mit meinem aufs schlimmste zugerichteten Körper geschah, wie in einer Art Film sah. Ich betrachtete mich auf einmal von einer Warte außerhalb meines Körpers und erblickte Ärzte und Krankenschwestern, die sich mit meinem schwerverletzten Leib befassten.

Aber ich identifizierte mich nicht mit meinem Körper — so als würde ich als Außenstehender die medizinischen Bemühungen um einen fremden Patienten wahrnehmen.

Dabei sah ich auch, wie plötzlich ein Arzt Mund-zu-Mund-Beatmung und Herzmassage praktizierte, und mein Körper schließlich Elektroschocks erhielt. Also nahm ich an, der Kreislauf in meinem Leib sei zum Erliegen gekommen. Ich war ohne Schmerzen, hatte aber auch keinerlei Gefühl für meinen Körper und registrierte das alles wie ein Fremder. Auch als der Körper auf dem OP-Tisch durch die Elektroschocks emporzuckte, vernahm ich das wie ein Unbeteiligter.

Zugleich erfüllte mich ein kaum zu beschreibendes Empfinden von Wohlgefühl und Glück, von Wärme sowie innerer und äußerer Ruhe. Zeit, Stress und Hektik hatte ich vollkommen abgestreift. Noch blickte ich auf den OP-Tisch und auf die Bemühungen des medizinischen Personals und sah, dass alle Anstrengungen zunächst vergeblich zu sein schienen.

Ich fragte mich, warum sich die Ärzte und Krankenschwestern so sehr um den schrecklich verunstalteten Leib bemühten. Ich empfand den Wunsch, sie möchten meinen Körper doch in Ruhe lassen. Diesen Wunsch verspürte ich, obwohl ich als Mediziner von Natur aus die Aktivitäten des medizinischen Personals hätte gutheißen müssen. Trotzdem entfernte ich mich mehr und mehr von meinem Leib.

Auf einmal sah ich mich wie in einem langen dunklen Tunnel, durch den ich halb gezogen, halb hindurchgedrückt wurde. Am Ende dieses langen dunklen Ganges erblickte ich ein Licht, das immer heller wurde und bald alle irdische Vergleichbarkeit verlor. Es war ein so helles, aber auch nicht blendendes Licht, wie ich es im diesseitigen Leben noch niemals erlebt hatte.

Während ich durch den Tunnel schwebte, lief mein ganzes Leben vor meinem geistigen Sehvermögen ab. Es war mit dem Augenlicht nicht zu vergleichen: wie ein geistig-seelischer Film, den man sich mit irdischen Maßstäben nicht erklären konnte.

Ich sah mich als Kind und als Schüler, ich sah mich mit meinen Eltern und Geschwistern. Dann erkannte ich mich im Gymnasium wieder, beim Abitur, schließlich beim Studium in den verschiedenen Universitäten. Daraufhin liefen meine Hochschulabschlüsse vor mir ab.

Mein Lebensfilm bereitete mir eine riesige Freude. In Glück und Wohlgefühl konnte ich mir meinen Lebenslauf ohne Hektik und Eile anschauen.

Doch bevor ich ihn weiter erleben und dem wunderschönen Licht entgegenschweben durfte, fühlte ich mich wie zurückgerissen und erblickte mich wieder im OP. Ich sah das medizinische Personal, meinen armseligen Leib und fühlte mich plötzlich wieder gezwungen, mich diesem geschundenen Körper zu nähern.

Nun empfand ich den Wunsch, diesem Leib fernbleiben zu dürfen. In einer Art Halbsenkrechtposition schaute ich auf ihn, indem ich seitlich über den Ärzten eine Schwebeposition einnahm. Die Mediziner hatten zweifellos ihr Bestes gegeben. Dennoch wies mein Körper natürlich noch immer schwere Verletzungen und Schäden auf. Und ich hatte nicht den geringsten Wunsch, in diesen Leib zurückzukehren. Ich wünschte, von ihm befreit zu bleiben und zum überirdischen Licht zurückzukehren.

Da hörte ich wie aus großer Ferne eine Stimme, die mir mitteilte, dass ich auf der Erde noch dringend gebraucht würde, eine entscheidende wissenschaftliche Tätigkeit wahrnehmen müsse und dadurch hilfreich für andere Menschen wirken solle. In einem Jahr würde ich auch zum Hochschullehrer berufen. Forschung und Lehre warteten auf mich.

*Danach geschah etwas Seltsames: Ich versank
in eine Art Tiefschlaf, der in meinem Gedächtnis
keinerlei Eindrücke hinterließ. Vielmehr nehme ich
an, dass mein Geist beziehungsweise meine Seele
in meinen Leib zurückgekehrt war und durch das
narkotisierte Gehirn nun wie in einer eigenartigen
Bewusstlosigkeit verharrte.*

*Ich vermute aus heutiger Sicht, dass das betäubte Gehirn meine Geistseele irgendwie ummantelte
und in ihrer Freiheit begrenzte, ja gar behinderte.
Nach einer langen Zeit des Tiefschlafs dämmerte ich
in eine Benommenheit hinein, aus der ich dann erwachte – und spürte schließlich heftige Schmerzen,
die lediglich durch die vielen Infusionen gemildert
wurden. Nun erkannte ich auch die Unmenge an
Schläuchen und Kabeln, durch die ich wieder in ein
heiles Leben zurückgebracht werden sollte. Zweifellos
blieb mir nichts anderes übrig, als zu diesem Leben
wieder ja zu sagen. Aber jener andere Zustand –
oder besser: der Blick in diese andere Welt mit ihrem
außerirdischen Frieden und Glück – war über alle
Maßen und unvergleichlich schöner gewesen!*

»Der Blick in diese andere Welt«, so wie ihn der Patient beschreibt, legt nahe, dass er sich zwischen zwei
Daseinsbereichen befunden hat. Auch bei ihm zeigt

sich, dass er zumindest zeitweilig an jener Schwelle stand. Der Länge der Operation und der Präzision der Beschreibung nach zu urteilen, dauerte dieser Zustand wahrscheinlich zwei Stunden oder länger.

Ein Jahr später wurde der Patient tatsächlich zum Professor berufen. Auch die anderen Prognosen, nämlich dass der Patient »eine entscheidende wissenschaftliche Tätigkeit wahrnehmen müsse und dadurch hilfreich für andere Menschen wirken solle«, traten treffsicher ein.

Die Rückkehr zur Familie

Elvira O., verheiratet und Mutter zweier Kinder, erlitt einen schweren Herzinfarkt. Sie berichtete wie folgt über ihren Zustand in Todesnähe, das Verlassen ihres Körpers und ihre Rückkehr:

Nachdem ich meine beiden Kleinen zu Bett gebracht hatte, saß ich mit meinem Mann im Wohnzimmer. Ich hatte schon mehrere Stunden lang einen Druck hinter dem Brustbein und ziehende Schmerzen in die linke Schulter hinein verspürt, doch plötzlich erfasste mich ein so grässlicher Schmerz in der Herzgegend, dass ich nur noch »Hilfe, hilf mir!« stöhnen konnte und augenblicklich das Bewusstsein verlor. Minuten danach, wie es mir vorkam, hatte ich das Gefühl, meinen Körper zu verlassen, und ich fühlte auch keinerlei Schmerzen mehr. Vielmehr empfand ich mich in die Höhe gehoben und beobachtete meinen zusammengebrochenen Körper gleichsam von der Zimmerdecke her. Ich sah auch, wie mein Mann telefonierte.

Nach einer Weile betrat ein Notarzt das Wohnzimmer. Er untersuchte mich, also meinen Leib, sehr schnell und gab meinem Körper Injektionen.

Der Ausdruck (»meinem Körper«) mag sonderbar klingen. Aber ich erlebte inzwischen schon eine Art Trennung von meinem physischen Leib.

Kurz nach dem Notarzt kamen Sanitäter und legten meinen Körper auf eine Krankenbahre. Der Arzt setzte noch eine Kanüle mit Schlauch und Infusion, und die Krankenträger trugen meinen Leib in den Rettungswagen, der dann mit hoher Geschwindigkeit zum Krankenhaus raste. Eigenartigerweise begleitete ich meinen Körper im Krankenwagen und auf die Intensivstation. Dort wurde mein Leib noch eingehender untersucht und mit etlichen Messkabeln sowie mit weiteren Schläuchen und Infusionen versehen. Hier sprach man auch von einem Herzinfarkt.

Nun geriet ich in einen Zustand, in dem ich meinen Körper und die Intensivstation gleichsam aus der Wahrnehmung verlor. Ich hatte keinerlei Schmerzen und praktisch auch kaum noch einen Bezug zu meinem Leib. Vielmehr wähnte ich mich auf einmal in einer Art Nebel, der wie durch sich verstärkendes Licht von der anderen Seite her mehr und mehr aufgehellt zu werden schien.

Wie von ganz weit her vernahm ich glockenhelle Gesänge. Ich fühlte mich wunderbar. Eine wohlige Wärme durchströmte mich, und ich wurde erfasst von intensiver innerer Ruhe und einem Glücksgefühl sowie bisher nie gekannter Freude.

Der Nebel wich immer mehr dem Licht – und was für einem Licht! Solch eine strahlende Helligkeit hatte ich in meinem bisherigen Leben noch nie gesehen. Es war weitaus heller als alle irdischen Lichtquellen zusammen. Aber es blendete nicht. Vielmehr durchstrahlte es alles, was von diesen Lichtstrahlen erfasst wurde.

Da kam mir aus dem vergehenden Nebel jemand entgegen. Es war meine bereits vor vielen Jahren verstorbene Mutter. Sie lächelte mich an und tat dies mit einem so glücklichen Gesichtsausdruck, wie ich ihn bei ihr trotz ihrer liebevollen Art noch nie erlebt hatte.

Sie hatte nämlich eine sehr unglückliche Ehe hinter sich. Wir waren insgesamt fünf Kinder in der Familie gewesen, und ihr Mann – unser Vater – war Gelegenheitsarbeiter und verdiente nicht viel. Er nahm dann an Bankeinbrüchen teil. Als er gefasst wurde, hatte er ausgesagt, das alles aus Not für seine Familie getan zu haben. Natürlich glaubte ihm das Gericht nicht und verurteilte ihn zu einer sehr hohen Freiheitsstrafe. Bei der Urteilsbegründung war bekannt geworden, dass unser Vater bei den Einbrüchen praktisch nur als eine Art »kleines Licht« missbraucht worden war und seinen Kopf für Schwerstkriminelle hingehalten hatte und auch so bestraft worden war, während den Hauptverantwortlichen kaum etwas nachgewiesen werden konnte.

Unsere Mutter hatte uns Kinder dann als Reinigungskraft (früher sagte man Putzfrau) ernährt und so gut wie möglich durchs Leben gebracht, denn Sozialhilfe wollte sie nicht in Anspruch nehmen. Dazu war meine Mutter irgendwie zu stolz gewesen, erst recht nachdem unser Vater verurteilt worden war.

Bei der Hochzeit ihrer jüngsten Tochter, meiner Heirat, zeigte sie sich überglücklich: Sie hatte alle ihre Kinder – man kann sagen: bestmöglich und heil – »über die Runden« gebracht.

In der Nacht darauf starb sie, und zwar an einem

Herzinfarkt, wie ihr Hausarzt uns dann im Nachhinein bestätigte. Das also war meine Mutter gewesen, auf die ich genauso wie meine Geschwister unglaublich stolz war.

Und diese meine Mutter kam mir nun mit einem überglücklichen Lächeln entgegen. Und der Ausdruck ihres Glücks war um vieles größer und eindringlicher als am Tag meiner Hochzeit. Er kam nicht nur von innen heraus, sondern er durchstrahlte sie. Es war eine jenseitige Sphäre und Atmosphäre, die man mit irdischen Maßstäben nicht erklären und ermessen kann.

Sie hatte eine eigentümliche Art Geistkörper, der von diesem überirdischen, weil mit diesseitigen Maßstäben nicht zu beschreibenden und zu erfassenden Licht durchstrahlt wurde. Und dann sprach sie mit mir, ohne ihren Mund und ihr Gesicht zu bewegen. Ich nahm sie rein geistig wahr, ohne irgendwelche körperlichen Sinneswahrnehmungen. Trotzdem war unsere Unterhaltung klar und deutlich, ja, noch besser als mit rein körperlichen Sinnesvorgängen.

Sie fragte mich auch nicht so, als würde sie mich aus einem fernen und fremden Land zurückkehrend wiedertreffen. Offenbar brauchte sie keine Informationen von mir. Zweifellos wusste sie genau, dass ich einen Herzinfarkt gehabt hatte.

Ich war überrascht, warum sie mich nicht danach fragte, was mit mir passiert sei, wie es mir gehe und warum ich hier wäre. Sie war offenbar über alle Vorgänge restlos informiert.

Stattdessen redete sie – rein geistig – mit mir: »Elvira, Kind, kehr wieder zurück.«

»Mama, aber warum denn? Hier ist es wunderschön, und ich bin bei dir. Ich bin froh und glücklich. Alles ist hier so herrlich. Warum willst du mich zurückschicken?«

»Ja, hier ist alles wunderschön. Das Leben ist hier unvergleichlich und voller Glück. Aber du hast noch Aufgaben in deiner Welt. Du musst warten, bis es für dich so weit ist.«

»Aber Mama, warum denn?«

Ich sah und fühlte nur das Glück, die Wärme, das Wohlgefühl dort bei meiner Mutter. Sie aber antwortete – wieder rein geistig –: »Du hast eine Familie. Vor allem die beiden kleinen Kinder brauchen dich. Du bist ihre Mutter und nicht einfach zu ersetzen. Wie sollen sie sonst liebevoll umsorgt werden und glücklich aufwachsen? Aber auch dein Mann braucht dich. Kehr also in dein Erdenleben zurück.«

»Wie soll das denn mit meinem Herzinfarkt geschehen?«

»Die Ärzte im Krankenhaus werden deinen Kör-

per retten. Bald wirst du aus der Bewusstlosigkeit aufwachen. Und nach deiner raschen Genesung wird es dir wieder gutgehen. Dein Mann und die Kinder werden dich sofort besuchen, wenn du aufwachst.«

Da erblickte ich eine riesige Wand von lauter überirdischem Licht. Es blendete nicht. Man konnte aber auch nicht hindurchsehen. Deshalb fragte ich meine Mutter: »Was ist das denn für eine große Wand mit diesem unglaublich hellen Licht?«

»Diese Wand ist eine Lichtgrenze. Nur die können sie durchschreiten, die für immer hierbleiben. Du aber wirst ja wieder zurückkehren. Deshalb kannst du diese Lichtschwelle noch nicht passieren. Irgendwann einmal wirst auch du sie überqueren. Aber jetzt noch nicht. Denn deine Zeit ist noch nicht gekommen. Kehr zurück. Das höhere Wesen lässt dich beschützen. Du wirst das selbst bemerken, wenn du – zum größten Erstaunen der Ärzte – schon nach kurzer Zeit wieder nach Hause entlassen werden kannst.«

Nach diesen Worten sah ich meine Mutter nicht mehr. Und das Licht nahm immer mehr ab. Um mich herum wurde es dunkel. Ich verfiel in eine Art Tiefschlaf, aus dem ich erst später erwachte. Man hatte mich nämlich, wie ich bald nach meinem Aufwachen erfuhr, ins Koma versetzt, um den Heilungs-

prozess besser voranbringen zu können. Offenbar
war meine Geistseele in meinen Körper zurückge-
kehrt, der jedoch in einem künstlich herbeigeführten
Schlaf verharrte.

Als ich dann nach Tagen wieder aufwachte, be-
suchte mich mein Mann mit den beiden Kindern.
Und bereits nach kürzester Zeit konnte ich als geheilt
entlassen werden, obwohl die Ärzte das kaum für
möglich gehalten hatten. Da erinnerte ich mich an
das, was meine Mutter mir gesagt hatte, und freute
mich darüber, dass ich wieder in dieses Leben zurück-
gekehrt war.

Bei der Erklärung für diese Vision gibt es wiederum keine Anhaltspunkte für eine Geisteskrankheit,
ein bloßes Traumerlebnis oder biochemisch bewirkte Halluzinationen. Denn diese hätten die von der
Mutter punktuell vorhergesagten Geschehnisse, die
sich dann nach ihrem Erwachen aus dem Tiefschlaf
zutrugen, sicher nicht so treffsicher angekündigt.

Dabei geht es natürlich weniger um den Besuch
des Mannes und der Kinder. Vielmehr setzt die wider
alle medizinische Wahrscheinlichkeit eingetroffene
und von der Mutter prophezeite vorschnelle Gesundung in größtes Erstaunen.

Der zertrümmerte Grabstein

Agnieszka N., die aus Polen stammt und erst ein knappes Jahr in Deutschland lebte, erlitt durch einen Unfall ein lebensgefährliches Kopftrauma.

Sofort wurde sie mit einem Rettungsfahrzeug ins nächste Krankenhaus verbracht, dort sogleich notärztlich versorgt, mit den nötigen Infusionen versehen und unter Intensivbeobachtung gestellt. Zudem wurde sie zwecks schnellerer Therapie in ein Koma versetzt.

Zu einem späteren Zeitpunkt, lange nachdem sie wieder aus dem künstlichen Tiefschlaf erwacht war, berichtete sie wie folgt:

Ich dämmerte zunächst vor mich hin und hatte zuerst noch das Unglück im Gedächtnis. Dann wurde es für eine Weile ganz dunkel um mich. Doch nach einer gewissen Zeit – ich weiß nicht, wie lange es eigentlich dauerte – konnte ich durch die Dunkelheit schauen. Auf der anderen Seite meiner Umgebung schien ein helles Licht zu sein, das immer heller wurde.

Der Schmerz meiner Kopfverletzung verlor sich, und ich hatte auf einmal ein ganz wohliges Gefühl von Wärme, Schmerzlosigkeit und Geborgenheit. Zum ersten Mal nach langer Zeit fühlte ich mich glücklich. Es war aber kein Glücksgefühl, das man sich in irdischen Maßen vorstellen könnte. Auf Erden geht es um Geld, Sorglosigkeit, eine gelungene zwischenmenschliche Beziehung, Befreiung aus Langeweile oder um irgendwelche Vergnügungen, eine wie auch immer gestaltete Zufriedenheit.

Das Empfinden von Glück, das ich nun hatte, war völlig anders. Es schien mich emporzuheben, aber ohne dass mein Geist verwirrt und irgendwie »benebelt« war. Ich empfand eine tiefe innere Freude, Wärme, Geborgenheit und Zugehörigkeit zu einer gleichsam höheren Seinswelt. Es war so ähnlich, als wäre ich ein kleines Kind und befände mich im Kreis und Umfeld einer mich liebenden und für mich sorgenden liebevollen Familie, nur viel, viel vollkommener.

Oh, war das schön! Hier wollte ich bleiben und nie mehr zurückkehren zu meinen Bekannten und allem, was zu meinem Umfeld gehörte.

Da näherte sich jemand aus dem immer heller erleuchteten Halbdunkel. Auf einmal kam er mir irgendwie bekannt vor – ein Mann, an den ich mich erinnerte, bis ich ihn schließlich exakt erkannte. Es war mein vor mehreren Jahren in Polen verstorbener Schwager, der mich dann ansprach: »Agnieszka, ich grüße dich. Du hast einen Unfall gehabt. Wie fühlst du dich?«

»Jetzt und hier fühle ich mich wunderbar. Alles ist anders und viel besser als dort, wo ich bisher war.«

»Du meinst das Leben auf der Erde.«

»Ja! Und was ist das hier für ein Leben?«

»Du bist an der Grenze zum Jenseits, also zum Dasein nach dem menschlichen Ende auf der Erde.«

»Das ist hier alles wunderschön und viel besser als im bisherigen Leben.«

»Ja, das ist richtig. Aber du bist nicht gestorben.«

»Warum bin ich dann hier?«

»Du bist so schwer verletzt, dass du bald gestorben wärst. Aber du lebst noch. Du stehst infolge deiner schweren Verletzung und durch den Tiefschlaf an der Grenze zum Jenseits.«

»Ich möchte aber hierbleiben, weil es hier so wunderschön ist. Hier bin ich so glücklich, wie ich es zuvor noch nie gewesen bin.«

»Aber du kannst nicht hierbleiben. Denn du lebst ja noch dein irdisches Leben und wirst auch weiterleben. Die Ärzte heilen dich. Dann wirst du wieder aufwachen und lange leben. Du kannst noch sehr viel Gutes tun.«

»Muss ich tatsächlich zurückkehren?«

»Ja. Aber eines Tages kommst du wieder her. Dann kannst du die Schwelle zum Jenseits überschreiten und in der Welt des Glücks und Lichts bleiben.«

»Und wann muss ich wieder zurückkehren?«

»Sehr bald. Es dauert nicht mehr lange, und die Ärzte werden deinen Tiefschlaf beenden.«

»Dann kehre ich also wieder zurück«, sagte ich. Und wie automatisch stellte ich ihm eine Frage. »Hast du denn ein Anliegen, einen Rat oder irgendeine Nachricht, die ich jemandem mitteilen kann?«

»Ja, in der Tat. Über eine persönliche Angelegenheit auf Erden bin ich unglücklich. Sie haben nämlich meinen Grabstein zertrümmert. Deine Schwester — meine damalige Frau — hatte ihn bezahlt, obwohl sie selbst so arm war.«

»Wer macht denn so was?«, wollte ich wissen.

Aber eine Antwort auf diese Frage erhielt ich nicht mehr, denn da war mein Schwager auch schon verschwunden. Ich versank wieder in die Dunkelheit und die Dämmerung, aus der ich nach unbestimmter Zeit aufwachte, weil der komatöse Tiefschlaf im Krankenhaus beendet worden war. Nun fühlte ich wieder die Schmerzen der Wunde am Kopf und brauchte eine Zeit, bis ich mich im Leben auf der Erde zurechtfand. Nach knapp zwei Wochen wurde ich schließlich entlassen.

Eine Äußerung meines Schwagers ging mir nicht mehr aus dem Kopf. Es war die Sache mit dem zerstörten Grabstein. Sollte ich meiner mittlerweile ebenfalls in Deutschland lebenden Schwester dieses Erlebnis an der Grenze zum Jenseits mitteilen? Wenn sie mir meine Vision glaubte, würde sie wohl traurig sein. Denn sie hatte sich das Geld dafür mühsam vom Munde abgespart, als sie noch in Polen lebte.

Sofern die Mitteilung über den Gedenkstein den Tatsachen entsprach, würde sie von Bekannten in Polen sehr bald erfahren, was passiert war. Also rief ich sie an und berichtete ihr, was der verstorbene Schwager mir mitgeteilt hatte. Sie wollte es zunächst nicht glauben, sagte aber, sie wäre traurig und verärgert, wenn das tatsächlich zutreffe.

Drei Tage später rief sie mich an und versetzte mich in Sprachlosigkeit und Erstaunen: Marina, ihre beste Freundin, hatte ihr telefonisch aus Polen berichtet, dass die Schwiegereltern meiner Schwester tatsächlich den ursprünglichen Grabstein hatten zerschlagen und einen neuen und völlig andersartigen aufstellen lassen.

Wenn ich an meinem Erlebnis an der Schwelle zur jenseitigen Welt den geringsten Zweifel hätte haben können — nun war er ausgeräumt. Es musste tatsächlich Realität sein, was ich zwischen Diesseits und Jenseits erlebt hatte!

Die bisherigen Überlegungen, vor allem die Zertrümmerung des Grabsteins, die die Betroffenen Hunderte von Kilometern entfernt in Deutschland vor dem Nahtoderlebnis nicht vermutet hatten und von der sie nicht in Kenntnis gesetzt worden waren, die aber wirklich stattgefunden hatte, legen die Vermutung nahe, dass es sich bei Agnieszka N.s Erlebnis um einen tatsächlichen Jenseitskontakt gehandelt hat.

Die Umkehr eines Rücksichtslosen

Dieter W., von Haus aus Diplomkaufmann, hatte in kürzester Zeit für eine große Handelskette einige Großmärkte aufgebaut und leitete sie mit eiserner Härte. Den Wunsch des Hauptvorstands, die Niederlassungen möglichst profitabel zu führen, erfüllte er in solch enormem Ausmaß, dass seine Leitungsmethoden sehr bald allen anderen Filialleitungen als vorbildlich dargestellt und zur unbedingten Nachahmung vorgeschrieben wurden. Der Druck seines Regelungskatalogs sah folgende Ziele vor:
– möglichst wenig Personal mit
– möglichst langen Arbeitszeiten,
– möglichst geringe Bezahlung nach hauseigenem Niedrigtarif,

- möglichst keine Gewerkschaft und auch kein Betriebsrat,
- möglichst niedrige Krankheitsrate,
- möglichst baldige Trennung von schwierigen und oft fehlenden Mitarbeitern und somit
- möglichst hoher Profit für die Bosse und für sich selbst!

Dieter W. kämmte seine Filialen durch, war morgens der Erste und abends einer der Letzten. Er nahm keinerlei Rücksicht auf seine Mitarbeiter, sondern behandelte sie eher wie eine Art »notwendiges Übel«.

Doch dann traf es ihn selbst: schwerer Herzinfarkt! Von dieser Zeit handelt sein Bericht:

Ich erinnere mich zunächst nur noch an die letzten Minuten im Supermarkt, in denen ich eine Verkäuferin wohl recht streng zurechtgewiesen hatte. Dann wurde es mir schwarz vor Augen. Dass mir eine Herzattacke beziehungsweise ein Herzinfarkt widerfahren war, erfuhr ich erst später.

Irgendwann wurde mir die Dunkelheit (»schwarz vor Augen«) bewusst. Sie ging dann über in eine dumpfe, nebelhafte Umgebung, die auch grau und öde blieb. Es war wie im Herbstnebel, ohne Helligkeit, als stünde ich in einem nicht enden wollenden dunklen Grau. Gern hätte ich irgendeine künstliche Leuchte eingeschaltet, aber es gab keinen Schalter und auch keine Lampe.

Noch nie zuvor hatte ich graues Halbdunkel und Nebel als so trist und derartig schrecklich wahrgenommen. Trübe Herbsttage waren im normalen Leben kein Problem für mich: Da gab es genug künstliche Beleuchtung wie auch Ablenkung durch Computer oder Fernsehen, Beschäftigung oder Zerstreuung der unterschiedlichsten Art.

Hier aber empfand ich zum allerersten Mal eine so trübe, graue und halbfinstere Umgebung als derart furchtbar und schrecklich, dass ich ihr auszuweichen wünschte. Ich versuchte, die Augen zu schließen. Aber das war nicht möglich. Sie wollten mir einfach nicht mehr gehorchen. Ich versuchte, irgendwie einzuschlafen, aber auch das gelang nicht.

Wo war ich bloß?

Ich versuchte es mit meinen üblichen Bewältigungsmechanismen in unangenehmen Situationen. Vergebens! Es folgte keine Reaktion.

Die erschreckend graue Umgebung, die dumpfe Stimmung, der beklemmende Nebel und die noch nie zuvor so vernommene entsetzliche Stille – sie alle blieben. Ich hatte in meinem ganzen Leben noch niemals so eine dumpfe Stimmung und solch eine absolute Stille wahrgenommen. Im alltäglichen Leben sah man ja auch in der tiefsten Dunkelheit immer noch irgendwo einen Lichtschimmer oder hörte irgendwelche Laute – gleich, ob als entferntes Gedudel oder als monoton-leise dahinplätscherndes Geplauder.

Hatte mich das früher genervt, so wünschte ich es mir nun voller Sehnsucht herbei. Aber alles blieb grau und entsetzlich still.

In mir wuchs nun eine so schreckliche Angst und Verzweiflung, dass ich mir etwas wünschte, woran ich im normalen Leben nie gedacht hätte. Aber noch bäumte ich mich gegen diese höchst sonderbare Eigentümlichkeit meiner Existenz auf: Im gewohnten Leben hatte ich immer Erfolg gehabt und mir diesen – notfalls mit knallharten Methoden – erzwungen. Nun sah dies völlig anders aus. Das alles war jetzt kein Thema mehr. Entsetzlich! Mein gesamtes bisheriges Leben war für mich nun fast ohne Bedeutung, ja, man kann beinah sagen: wertlos.

Da hatte ich gelernt, gerackert und geschuftet. Ich hatte beste Prüfungsergebnisse vorgelegt. Vor meinem geistigen Auge lief mein Leben ab: Niemand konnte mich faul und unfähig nennen! Keiner hatte das Recht, mich auch nur im Geringsten zu kritisieren. Ich hatte was getan. Und was ich geschafft hatte!

Schließlich brauchte mich die Gesellschaft, wenigstens die Supermarktkette und alles, was dazugehörte. Wieso hielten mich jetzt diese dumpfe Umgebung und diese schreckliche Stille gefangen? Was sollte ich hier? Wer hatte das übrigens zu verantworten, dass ich hier sein musste, statt da zu arbeiten, wo ich eigentlich hingehörte?

Aber auch mein allergrößter Zorn und meine höchste Wut bewirkten nichts. Ich blieb in dieser entsetzlichen Umgebung: grau und still. Noch nie zuvor hatte ich ein derart furchtbares Gefühl der absoluten Hilflosigkeit empfunden.

Da überkam mich in meiner schrecklichen Stimmung und offenbar ausweglosen Situation der Wunsch, mein Leben möge bei diesem schaurigen Empfinden durch den Tod beendet werden. Und diesen unbändigen Wunsch empfand ich deutlich.

*Aber dann ahnte ich, dass es wohl zwecklos sei. In mir kam allmählich der Gedanke auf, dieser Wunsch nach dem Ende meines Lebens auf der Erde habe sich längst erledigt. Denn diesen Schritt hatte ich sicher schon **hinter** mir. Ich empfand es als größte Ironie des Schicksals, dass es tatsächlich jemanden gab, der sich den Tod buchstäblich zweimal wünschte – wie ich! Normalerweise will niemand sterben beziehungsweise tot sein. Aber ich wollte es aus tiefster Überzeugung.*

Denn diese furchtbare Einsamkeit und diese grauenvolle Stille, die Ohnmacht und das Dasein ohne irgendeine andere Existenz, ob Pflanze, Tier oder Mensch, brachten mich zu einer noch nie verspürten Verzweiflung. Ich wünschte mir den Tod, aber ich ahnte und vermutete es: **Den Tod nach dem Tod gibt es nicht!**

Die Augen zu verschließen war mir nicht möglich. Also starrte ich in dieses schreckliche halbdunkle Grau, in völliger Stille und totaler Geräuschlosigkeit. Die Hoffnung auf irgendwelche Ermüdung war erfolglos. Müde werden kann eben nur ein Mensch in körperlicher Gestalt. Ich aber war wohl irgendein Wesen ohne Körper und damit auch ohne all das, was ein Leib an Eigenschaften aufweist. Also wurde ich auch nicht müde. Ich starrte eben vor mich hin in diese entsetzliche und nur schemenhaft durchdringbare Halbfinsternis.

Das Empfinden für jegliche Art von Zeitdauer schien ich auch verloren zu haben. Doch irgendwann, nach einer gewissen »Weile«, löste sich aus dem grauen Halbdunkel eine Figur, die von einem leicht erhellten Schimmer umgeben zu sein schien. Ich traute meiner Wahrnehmungsfähigkeit nicht. War das tatsächlich eine Figur oder eine Sinnestäuschung, soweit man hier von so etwas noch ausgehen konnte?

Tatsächlich, es war offenbar irgendeine Person, aber in gewisser Weise durchscheinend, also jemand ohne materiellen Körper.

Diese Person sah mich außerordentlich ernst und beinah traurig an, sodass ich fast erschrak. Einerseits war ich froh, endlich irgendjemanden vor mir zu haben. Andererseits war ich aber auch sehr erschrocken über den Gesichtsausdruck dieser Person. Ich machte mir ganz kurz Gedanken, wie man wohl jemanden jenseits des irdischen Lebens anspricht.

Alles Mögliche hatte ich gelernt, studiert und durchdacht, aber natürlich nicht, wie man mit solch einem Wesen kommuniziert. Ich entschied mich für die Anrede fremder Menschen. Denn so komisch es auch scheinen mag, ich hatte entsetzliche Angst, diese Person, diesen Fremden oder wer auch immer es war, im Nebelgrau zu verlieren.

»Sie schauen mich so furchtbar traurig und unglaublich ernst und durchdringend an. Darf ich fragen, wer Sie sind? Sind Sie etwa der Tod?«

Sein Gesichtsausdruck veränderte sich überhaupt nicht. Er blieb so, wie er war. Hätte ich einen Körper gehabt, mir wäre es eisig den Rücken hinuntergelaufen.

Da antwortete diese fremde durchscheinende Person, aber ohne jegliche Mimik: »Ich kann nicht der Tod sein. Denn den Tod gibt es nicht! Das, was im irdischen Leben als ›Tod‹ bezeichnet wird, ist nichts anderes als die Trennung in **Geistmensch** und **Leibmensch**! Der Geistmensch lebt auf immer weiter. Der Leibmensch verfällt. Natürlich wird diese Trennung — also gleichsam der **Tod** des irdischen Lebens — als etwas ganz Schreckliches gesehen und empfunden. Aber der Geistmensch kann nicht sterben und verliert auch sein Leben nicht.«

»Darf ich fragen, wieso der Geistmensch sein Leben nicht verliert?«

»Er behält sein Leben, weil der Geist oder auch die Seele nicht materiell und daher auch nicht sterblich ist. Der Geist, also im weitesten Sinne die Seele, wird getragen von **Denken, Empfinden** und **Wollen**. Diese Funktionen benutzen zwar auch Organe des Leibmenschen. Aber ohne Leibmensch existieren sie nach der irdischen Trennung in Geistmensch und Leibmensch weiter. Der Geist ist viel mehr, als dieser Ausdruck auf der Erde beschreibt. Er umfasst ebenso das, was im irdischen Leben mit ›Seele‹ bezeichnet wird.«

»Also kann der Geistmensch auch nach dieser Trennung — dem irdischen Tod — weiter denken, Empfindungen haben und seinen Willen behalten.«

»So ist es. Der Geistmensch behält seine Denkfähigkeit und seine geistigen Gefühle für Liebe, aber auch für Hass, ebenso wie seinen freien Willen. Das zeigt sich auch darin, dass ein Geistmensch sich gegen die Gemeinschaft mit dem höheren Wesen entscheiden kann und somit nicht an dieser Gemeinschaft teilnimmt.«

»Meinen Sie damit etwa all das, was im irdischen Leben mit ›Gott‹ bezeichnet wird?«

»Das ist so. Der Mittelpunkt dieses Daseins ist die unvorstellbar glückliche Gemeinschaft mit dem höheren Wesen, also mit Gott oder dem Allerhöchsten nach irdischer Vorstellung. Wer aber daran nicht teilhaben will, wird dazu auch nicht gezwungen. Er existiert in absoluter Ferne von dieser Gemeinschaft, doch auch er lebt weiter. Sein freier Wille gilt!«

»Bedeutet dies, dass Menschen mit ganz schlimmer Vergangenheit auf der Erde deshalb auch nicht an dieser Gemeinschaft teilhaben können?«

»So ist es. Viele von ihnen wollen auch nicht an der Gemeinschaft von unvorstellbarer Fülle, von Liebe, Licht, Zufriedenheit, Glück und immerwährender Erfüllung teilhaben.«

»Das kann ich ja überhaupt nicht verstehen.«

»Die Glücksgemeinschaft im Jenseits, also hier, ist geprägt von Liebe, Licht und Zustimmung zu dieser Gemeinschaft. Wer aber auf der Erde nur in Hassgefühlen, finsteren Gedanken und Ablehnung gelebt hat, behält das alles auch nach der Trennung seines Geist- vom Leibmenschen, dem irdischen Tod, bei. Durch seinen freien Willen will er deshalb auch nicht in diese Gemeinschaft gelangen. Und selbst wenn er es wollte, er könnte es mit seiner Einstellung darin überhaupt nicht aushalten.«

»Was geschieht denn mit solchen Geistmenschen?«

»Sie existieren in der ewigen Ferne von dieser Gemeinschaft.«

»Gibt es dafür bestimmte Orte und Existenzräume?«

»Nach der irdischen Trennung existiert der Geistmensch unabhängig von Zeit und Raum. Die Gebundenheit an so etwas wie Zeiträume oder zeitliche Abfolgen, irdischen Raum oder derartige Vorstellungen ist nach der Trennung, also dem Tod auf der Erde, für immer zu Ende. Auch den Zugang zur Glücksgemeinschaft hat jemand nur durch sein Leben und sein Verhalten.«

»Und wenn jemand dagegen ankämpft?«

»Das wäre nicht gut. Das höhere Wesen würde aber in jedem Fall für eine geordnete Existenz in dieser Welt, also dem Leben nach dem irdischen Tod, sorgen. Denn es hat dazu jede Macht.«

»Ich bin erschüttert. Darf ich wissen, wer Sie denn sind?«

»Ich bin schon seit sehr langer Zeit – nach irdischer Vorstellung – Ihr ständiger Begleiter, und deshalb schaue ich Sie so ernst und traurig an. Denn ich kenne ja Ihren Lebenslauf.«

»Ist der so schrecklich?«

»Er ist es!«

»Aber ich habe doch lediglich gearbeitet und meine Pflicht getan?«

»Welche Pflicht? Sie haben nur für Geld und Macht gearbeitet. Haben Sie auch einmal an Ihre Mitarbeiter gedacht? – Junge Menschen in der Ausbildung, schwangere Frauen, Leute, die trotz Krankheit arbeiteten, um ihren Job nicht zu verlieren, überlastete und gehetzte Mütter, trotz guter Arbeit und guten Willens geschasste Menschen – und so könnte ich weitersprechen!«

»Hätte ich die Kaufhäuser denn ruinieren sollen? Dann wären wir alle arbeitslos geworden, und keinem hätte es geholfen.«

»Diese Kaufhäuser sollten bleiben. Niemand will Ihre Arbeit sabotieren. Das wäre völlig falsch. Doch zwischen Ihrer Art von Geld- und Machtrausch und einer ambitionierten, aber verantwortlichen Führung mit menschlichem Mitgefühl und gutem Willen bestehen riesige Unterschiede. Es ist möglich, ein irdisches Unternehmen mit großem Erfolg zu leiten,

auch ohne der Gier zu verfallen. Es ist möglich, und
Sie erhalten dazu die Gelegenheit.«

Damit war mein Gesprächspartner verschwunden.

Wieder befand ich mich im grauen Halbdunkel
und in völliger Stille, ohne auch nur den leisesten Ton
zu vernehmen. Doch dauerte dies nicht so lange, und
ich versank in völliger Dunkelheit.

Ich erwachte erst wieder in der Intensivstation der
Klinik, in der man mir buchstäblich die Rückkehr ins
irdische Leben ermöglicht hatte. Natürlich wird sich
jeder vorstellen können, wie dankbar ich den Ärzten
und Pflegekräften war, die mich wieder ins Diesseits
zurückgeholt hatten.

Der spätere Blick auf Dieter W.s weiteres Wirken zeigt
folgendes Bild: Er übernahm unmittelbar nach seiner
Reha wieder die Leitung der ihm unterstellten Filialen. Allerdings erkannten ihn weder die Mitarbeiter
noch die Vorgesetzten in seinem Verhalten wieder.
Er war mit einem Mal menschlich, liebenswürdig,
hilfsbereit und entgegenkommend. Er lobte seine Beschäftigten häufiger und hatte auf einmal auch ein
offenes Ohr für ihre Probleme und Anliegen.

Durch diese völlig andere Wesensart motivierte
er die Beschäftigten in einer Weise, die er früher
mit Leistungsdruck und Rücksichtslosigkeit niemals

erreicht hatte. Der Krankheitsstand sank erheblich, die Mitarbeiterfluktuation verringerte sich, und die Beschäftigten arbeiteten fast selbstmotiviert. Zudem setzte er sich bei dem höheren Management erfolgreich dafür ein, dass die Angestellten einerseits eine gerechtere Entlohnung erhielten und andererseits eine spezielle Vergütung bei besonders effizientem Einsatz.

Obwohl die obere Geschäftsführung Dieter W.s neue Führungsmethoden kritisch bewertete und die Bilanzen ganz besonders in Augenschein nahm, ließ sie ihn sehr wohl gewähren. Denn W.s Kaufhäuser brachten insgesamt den größten Absatz und Profit und damit die höchste Rendite.

Die Analyse dieses Nahtoderlebnisses ist schwierig, weil hier eine völlig andere Situation vorliegt: Zeigten die bisherigen Mitteilungen aus dem Grenzbereich zum Dasein außerhalb der irdischen Existenz eindeutig positive Varianten, so werden hier vollkommen andere Einsichten geäußert. Welche Resultate sind also aus den Nahtoderlebnissen dieses Patienten zu ziehen?

Ob ein Erlebnis auf einen Menschen wirkt oder nicht, zeigt sich an seinem Verhalten. Sehr oft nämlich unterscheiden sich Reden und Handeln einer Person völlig oder doch zumindest sehr stark. Dann fällt es schwer, ihr zu glauben. Wenn aber jemand auch tut, was er sagt, kann man in aller Regel darauf vertrauen, dass er es ernst meint.

Gehen die Betreffenden noch einen Schritt weiter, indem sie in ihrem Sprechen und Wirken im Widerspruch zu ihrer früheren Wesensart stehen, konsequent dabei bleiben und ihre neue Erkenntnis auch ohne Wenn und Aber vertreten, so sind solche Menschen umso glaubwürdiger.

Dieser Patient zeigt nun in seinem völlig veränderten, jetzt ethisch-moralisch verantwortlicheren Verhalten, dass sein Nahtoderlebnis eine tiefe Wirkung auf ihn hatte. Mit ziemlicher Sicherheit hätte er ohne diese Erfahrung nie seine Einstellung im Berufsleben so radikal geändert. Dies gilt umso mehr, als er mit seinem neuen Führungsstil ja auch bei der oberen Geschäftsführung zunächst auf Ablehnung und höchste Kritik stoßen musste.

Der Nahtod eines Kindes

Die sieben Jahre alte Linda Z. war wegen einer akuten Blinddarmentzündung ins Krankenhaus eingeliefert worden und wurde operiert. Bei dem Eingriff kam es zum zeitweiligen Herzstillstand. Sofort unternah-

men die Ärzte alle erforderlichen Wiederbelebungs-
maßnahmen.

Später berichtete das Kind von seinen beeindru-
ckenden Erlebnissen während dieser Zeit:

*Ich ging langsam weg von meinem Leib, vom Tisch mit
den Ärzten, und ich hatte nun auch gar kein Gefühl
mehr. Vorher hatte ich Schmerzen gehabt, dann
brachten mich die Krankenschwestern zum Schlafen,
und vor meinen Augen war es dunkel geworden. Und
nun sah ich die Leute in grüner Kleidung. Sie standen
um den Tisch herum, auf dem ich lag. Gleichzeitig
war ich aber auch in der Luft. Es war sehr komisch.
Ich lag da unten auf dem Tisch, umgeben von Leuten,
und ich konnte sie auch alle von oben sehen.*

*Es dauerte aber nicht lange, und ich war fort aus
diesem Raum mit den Ärzten und Krankenschwestern.*

*Ich sah nun einen langen Flur. Er war nicht völlig
dunkel, aber auch nicht ganz hell. Es war so, als
ob ich durch diesen Flur hindurchhuschte. So einen
ähnlichen Hausgang kannte ich von meiner Schule.
Aber irgendwie war er doch auch anders. Je weiter
ich durch diesen Flur kam, umso heller wurde es.
Und bald sah ich ein ganz, ganz helles Licht, wie ich
es im Leben noch nicht erlebt hatte. Bei diesem Licht*

brauchte ich mir aber dennoch keine Hand vor das Gesicht zu halten. Es war sehr hell, und trotzdem konnte ich alles ganz klar und deutlich sehen.

Zuerst stand ich ganz allein da. Aber ich hatte keine Angst. Denn ich fühlte mich in dem vielen Licht froh, ja, glücklich.

Es dauerte aber auch nicht lange, da kam eine freundlich lächelnde Frau zu mir, die mich liebevoll an der Hand nahm und mich auf eine wunderschöne grüne Wiese führte. Darauf blühten viele bunte Blumen. Manche davon erkannte ich. Andere waren mir unbekannt. Aber sie waren alle wunderschön.

Ich fragte die Frau: »Wo sind wir hier? Das ist doch nicht das Krankenhaus.«

»Nein. Du bist beinah da, wo die Menschen hinkommen, wenn sie auf der Erde nicht mehr leben. Aber sie kommen nicht alle genau hierher. Das wirst du erst später verstehen.«

»Meinst du, ich bin jetzt tot?«

»Fast bist du tot gewesen, aber du bist noch nicht gestorben.«

»Hier ist es aber sehr schön. Kann ich nicht hierbleiben?«

»Denk an deine Eltern. Sie wären sehr traurig, wenn du nicht mehr am Leben wärest.«

»Kann ich denn später einmal wiederkommen?«

»Ja, du kannst wiederkommen. Du wirst auch wiederkommen.«

Nun war ich wieder allein, ohne die freundliche Frau. Es war aber noch immer sehr hell und schön.

Doch dann befand ich mich auf einmal wieder da, wo die Ärzte um mich standen. Ich sah von oben nur meinen aufgeschnittenen Leib, den die Leute in ihren grünen Kitteln nun wieder zunähten. Und ich schwebte ganz langsam nach unten auf meinen Leib zu.

Von da an weiß ich nichts mehr. Denn dann wurde es wieder ganz dunkel um mich, und ich wachte erst viel später auf. Und nun spürte ich auch wieder ziemlich bald Schmerzen.

Am nächsten Tag kamen meine Eltern zu Besuch. Sie waren überglücklich, dass ich nicht gestorben war. Ich sagte ihnen noch nichts von meinen Erlebnissen. Vielleicht mache ich das später einmal. Aber ich werde es nie vergessen, was ich alles erlebt habe, als ich fast gestorben bin.

Kinder, besonders in diesem Alter, geben ihre Erlebnisse möglichst empfindungsgemäß und ohne Umschweife wieder. Was Linda berichtet, deckt sich in Grundzügen mit den Beschreibungen anderer Nahtodeserfahrungen (das außerkörperliche Leben, der Flur [Tunnel], das Licht), von denen sie aber vorher noch nie etwas gehört hatte.

Glücklich über die Freude seiner Eltern, wollte das Kind ihnen zunächst nicht mitteilen, was es erlebt hatte – wahrscheinlich, um sie nicht zu verwirren, zu erschrecken, irgendwie zu betrüben oder wie auch immer. Es nahm jedenfalls Rücksicht auf seine Eltern, was ein eindeutiges Indiz für die intakte psychische Verfassung dieses Kindes ist.

Der Beinahetod eines leitenden Pädagogen

Hermann E. gehörte als stellvertretender Direktor und Organisationsleiter einer sehr großen Landesschule zur pädagogischen Führungsgruppe. Zugleich war er ein erfolgreicher und guter Lehrer.

Obwohl er sich große Verdienste erworben hatte und auch als Führungskraft herausragend qualifiziert war, wie ihm amtlich bestätigt wurde, überging man ihn bei der Beförderung zum ersten Direktor dieser wichtigen und renommierten Lehranstalt. Dabei hieß es, sein neuer Vorgesetzter habe eben politisch die »besseren Karten« gehabt. Wie sich bald herausstellte, war dies eine »Fehlbesetzung«, unter anderem weil der Direktor sich eben als Leiter auch beständig davor

»drückte«, Unterricht zu erteilen, obwohl auch das zu seinen Pflichten gehörte.

Das alles wurmte Hermann E., der aber unverdrossen seinen Dienst als Nummer zwei versah.

Schon nach zwei Jahren ging der Direktor wieder an eine andere Einrichtung. Hermann E. verzichtete diesmal auf eine erneute Bewerbung, weil sich ein anderer, offenbar tüchtiger Lehrer aus dem eigenen Hause um den Direktorposten bewarb. In der Folge dieser Berufung wurde dem Vizechef ein zweiter Stellvertreter des Direktors zugeordnet, der auch tatkräftig anpackte und Hermann E. außerordentlich entlastete.

So positiv diese Hilfe auch war, sah Hermann E. sich allmählich zur Seite gedrängt und litt unter dieser psychischen Belastung. Die gleichzeitige Entlastung von seinem stressigen Arbeitspensum in Verbindung mit der Angst, nicht mehr wichtig zu sein, und die frühere psychische Niederlage bildeten bei Herrn E. schließlich die Basis für einen schweren Herzinfarkt.

Nach der medizinischen Fehleinschätzung der Symptome, die zuvor schon auf die Möglichkeit eines solchen Falles hingewiesen hatten, wurde er dann eines Nachts mit einem Notfallwagen schleunigst in ein Spezialkrankenhaus gebracht. Zum

Glück wohnte er in einer Großstadt. Sonst hätte er kaum eine Überlebenschance gehabt. Denn dieser Patient hatte ausgerechnet einen dreifachen Herzinfarkt erlitten. Wie man ihm später mitteilte, liegt die Überlebenschance hier bei eins zu zehntausend! Er war tatsächlich dieser eine von zehntausend und vermutete, das habe er wohl seiner großen sportlichen Aktivität in seinem ganzen früheren Leben zu verdanken.

Über diese Zeit des akuten Infarkts und seine Erlebnisse an der Jenseitsschwelle berichtete Hermann E. Folgendes:

Nachts spürte ich in meiner linken Brustgegend schreckliche Schmerzen, die sich in die linke Schulter hinzogen. Dazu hatte ich furchtbare Todesangst und Schweißausbrüche. Ich bat meine Frau um Hilfe. Sie fragte nicht lange, sondern rief sofort die Feuerwehr an, die in kürzester Zeit mit einem Notfallwagen eintraf und mich mit Sirene und Blaulicht in ein Spezialkrankenhaus brachte.

Ich bekam noch mit, wie man mich dort hineinfuhr. Dann wurde es dunkel um mich. Wie lange ich in diesem Zustand verbrachte, weiß ich nicht. Aber irgendwann dämmerte ich aus der völligen Dunkelheit heraus auf. Doch ganz hell wurde es nicht. Ich fühlte mich wie im Herbstnebel. Geduldig wartete ich darauf, dass wohl der neue Tag beginnen würde. Aber er kam nicht.

Schlafen konnte ich auch nicht. Die Augen blieben offen. Doch mehr als diesen Nebel vermochte ich zunächst nicht zu erkennen. Da dieser Nebel aber etwas Licht hindurchließ, war ich nicht beunruhigt und wartete in Ruhe, ob noch etwas geschähe.

Ich überlegte, ob die Intensivstation wohl so düster aussähe. Doch das konnte ich mir nicht vorstellen. Dort würde wohl alles hell erleuchtet sein. Und in einem normalen Krankenzimmer war ich sicher auch nicht. Denn dazu war mein Zustand viel zu ernst.

Während ich noch überlegte, wie es mit meiner jetzigen Befindlichkeit weitergehen könnte, sah ich auf einmal in diesem leicht durchscheinenden Nebel eine Person auf mich zukommen. Es musste wohl eine Frau sein, die sich in einem leichten Lichtschimmer zu befinden schien. Sie war auch in gewisser Weise transparent. Als sie richtig aus dem Nebel auftauchte und deutlich zu erkennen war, sah ich, dass es meine schon vor vielen Jahren verstorbene Mutter war.

»Mutti, bist du es wirklich?«, fragte ich sie.

»Ja, mein Hermchen«, antwortete sie. Sie benutzte dabei meinen Kosenamen wie auch zu ihren Lebzeiten.

»Wie geht es dir, Mutti?«

»Mir geht es sehr gut. Ich bin froh und glücklich. Aber was machst du schon so früh hier? Du hast doch noch viel Arbeit in deinem Beruf als Lehrer. So hast du es ja auch immer gesagt.«

»Mit meinem Kreislauf muss wohl etwas nicht stimmen.«

»Ja, du wirst in einem Krankenhaus intensivmedizinisch behandelt. Fast hättest du deinen furchtbar schweren Herzinfarkt nicht überlebt. Viele tausend Menschen wären daran gestorben. Aber du wirst am Leben bleiben. Du bist hier für uns auch noch lange nicht so weit.«

»Wieso ist das passiert, Mutti? Ich habe doch immer nur meine Pflicht erfüllt. In der Schule habe ich stets geschuftet wie ein Pferd. Ohne mich wäre die ganze Organisation zusammengebrochen. An mir hing doch alles.«

»Ja ebendeshalb, Hermchen! Und an wem, denkst du, hängt denn jetzt die Schule, wenn du ein Jahr lang nicht mehr dort arbeiten kannst?«

»Meinst du, mein Krankheitszustand dauert so lange?«

»Er dauert wenigstens so lange. Aber es geht weiter. Dein neuer Kollege wird die Organisation fortführen. Du kannst dich ganz beruhigt heilen lassen und auskurieren, mein Hermchen.«

Dass meine Mutter mich auch jetzt noch mit dem Koseausdruck aus meiner Kindheit anredete, ärgerte mich keineswegs. Im Gegenteil! Es gab mir so etwas wie Geborgenheit, es war etwas Anheimelndes, wie ich es seit langer Zeit nicht mehr empfunden hatte. Ich fühlte alles so, als wäre ich daheim.

»Und wie soll es dann weitergehen, Mutti?«, fragte ich ganz einfach, als wäre sie eine Prophetin.

Und so antwortete sie auch erwartungsgemäß: »Nach über einem Jahr wirst du wieder in der Schule weiterarbeiten, aber nicht mehr so, wie du es früher gemacht hast. Denn das würde dich ruinieren. Lass dir auch helfen. Nimm die Hilfe an. Auch andere Leute können viel leisten und die Schulorganisation in Schwung und Ordnung halten. Du kannst in der Schulleitung eine Menge andere Arbeit übernehmen, die ebenfalls sehr wichtig ist.«

»Muss ich denn vorzeitig aus dem Dienst ausscheiden?«

»Mein Hermchen, du hast seltsame Sorgen. Kaum hast du überlebt, schon sprichst du wieder über Arbeit und Dienst in der Schule. Ich sage dir, du wirst bis zu deinem normalen Ruhestandsalter in der Schule bleiben und dort einen ordentlichen Dienst ausüben. Und danach wirst du noch ziemlich lange weiterleben.«

»Mutti, du hast am Anfang gesagt, ich wäre noch nicht so weit, um hierzubleiben. Wie soll ich das verstehen?«

»Nun, lieber Hermann, du hast dich von deiner Arbeit total einnehmen lassen. Du hattest für nichts sonst einen Blick und Zeit. Um dich herum gab es Menschen, um die du dich nie gekümmert hast. Vor lauter Dienst und Arbeit.«

Immer wenn mich meine Mutter mit meinem vollen Namen anredete, sprach sie mir ins Gewissen und kannte dabei keinen Spaß. So war es auch jetzt. Sie redete mir sehr ernst und eindringlich zu.

»Was soll ich denn nur tun, Mutti?«

»Du sollst ja gut arbeiten. Kümmere dich aber auch um die Menschen in deinem Umfeld. Vielleicht brauchen sie deine Hilfe. Sicher gibt es auch anderswo Menschen, denen du helfen kannst. Du musst nur wollen und dafür einen Blick haben.«

»Mutti, du hast bestimmt recht. Ich werde das beherzigen. – Mich interessiert aber noch eins: Du hast gesagt, ich sei noch nicht gestorben. Also lebe ich noch. Doch im Krankenhaus sehe ich mich auch nicht. Wo bin ich denn nun eigentlich?«

»Du bist an der Grenze zur jenseitigen Welt.

Das heißt: Du befindest dich im Grenzbereich zum Zustand im Jenseits, also zum Dasein nach dem Abschied vom Leben auf der Erde.«

»Und du, Mutti?«

»Ich gehöre zum Dasein in diesem anderen Leben.«

»Bist du denn ein Geist? Du hast so eine eigenartige Gestalt, so als könnte man durch dich hindurchsehen.«

»Das ist richtig. Ich bin ein Geistmensch. Der Leibmensch von mir lebt nicht mehr. Den habt ihr – du und deine Schwester – doch damals beerdigt. Aber mein Geistmensch lebt für immer. Er ist an keinen Ort und an keine Zeit gebunden.«

»Und was ist mit Vati?«

»Diese Frage habe ich erwartet. Die Antwort fällt mir sehr schwer. Er ging von uns wegen einer anderen Beziehung. Nun hat er leider Probleme, die Liebe des ewigen Geistes und Vaters, also des höheren Wesens, anzunehmen. Er will es nicht. Ich wünsche ihm alles Gute.«

»Noch eins, Mutti: Du hast mir viel gesagt über meinen Gesundheitszustand und meinen weiteren Lebenslauf. Woher weißt du das denn alles?«

»Als Menschen sind wir im menschlichen Körper abgeschirmt. Wir wissen normalerweise nur, was wir durch unsere Sinnesfunktionen aufnehmen und er-

fahren. Alles andere bleibt für uns in der Hauptsache dunkel. Der Leibmensch ist wie ein Schirm um uns. Alles, was rein geistig und seelisch ist, bleibt uns bis auf wenige Ausnahmen verborgen. Dann aber, wenn der Geistmensch nicht mehr von unserem Leibmenschen umhüllt ist, erkennt unser Geistmensch Dinge, Vorgänge, Gedanken, Empfindungen und Willensprozesse, die früher völlig verborgen waren. Deshalb haben wir als Geistmenschen keine Schwierigkeiten, zukünftige Vorgänge richtig zu erkennen. Wir blicken aber auch geistig durch Abläufe im Leben eines Menschen ganz klar und deutlich hindurch.«

»Mutti, ich kann nur sagen: Ich bin völlig erschüttert und sprachlos. So hätte ich mir das Leben nach dem Tod nicht vorgestellt.«

Damit war ich allein. Vielleicht hätte ich noch die eine oder andere Frage an meine verstorbene Mutter gehabt. Aber sie war nicht mehr da. Sie war immer geduldig gewesen, wenn wir Kinder Fragen, auch anstrengende und langatmige, an sie hatten. Als voll berufstätige Lehrerin, die meine Schwester und mich nach dem Weggang unseres Vaters allein großgezogen und uns den Weg für den bestmöglichen Werdegang geebnet hatte — meiner Schwester als Ärztin und mir als Lehrer —, war sie immer für uns da gewesen. Wenn sie sich nun ziemlich kurz verab-

schiedet hatte, nahm ich an, dass mit Sicherheit alle meine wichtigen Fragen beantwortet waren.

Ich sah mich nun wieder im Nebel, der von leichtem Licht durchschimmert wurde. Ähnlich, wie ich umgekehrt in diesen halbhellen Nebel hineingedämmert war, kehrte ich nun auch wieder zurück – ins Dunkel der Bewusstlosigkeit, aus der ich wohl erst eine Weile später ins Bewusstsein trat. Schließlich erwachte ich auf der Intensivstation und sah mich umgeben von Kabeln und Schläuchen. Schmerzen fühlte ich kaum. Doch hatte ich das seltsame Empfinden, an der Grenze zum anderen Dasein – in der Nähe meiner Mutter – hätte es mir wohl weitaus besser gefallen.

Hermann E. lebte nach der Genesung mit der von seiner Mutter empfohlenen Lebensweise noch viele Jahre.

Die Rückkehr des Vaters – als Jenseitsbote

Amira D. war zweiundzwanzig Jahre alt und seit gut einem Jahr verheiratet. Sie freute sich mit ihrem Mann unbändig auf ein Kind, das sie in zweieinhalb Monaten erwartete. Sie richteten mit größter Liebe und

Begeisterung das Kinderzimmer ein. Ihr Mann – ein Ingenieur – schmiedete schon Pläne, was er seinem Sohnemann alles an technischem Wissen vermitteln wollte. Denn es würde ja ein Junge werden.

Amira D. schmunzelte nachsichtig ob dieser »Männerromantik« und konzentrierte sich stattdessen lieber auf die Vorsorgeuntersuchungen. Denn in ihrer Familie bestand das Problem, dass die Kinder wegen Fruchtblasenschwäche der Mutter nicht immer bis zum Schluss ausgetragen werden konnten. Bisher gab es jedoch keinerlei Bedenken. Und die Ultraschallaufnahmen zeigten zwar einen vergleichsweise kleinen, aber offenbar doch durchaus lebensfähigen Nachwuchs. Alles schien gutzugehen.

Und da geschah es eine Woche später! Aber lassen wir Amira D. selbst berichten:

An diesem Samstagmorgen platzte meine Fruchtblase. Zum Glück war mein Mann da. Sofort alarmierte er den Rettungswagen, der uns beide schnellstmöglich ins Krankenhaus brachte, in dem auch die Geburt geplant war. Dort hatten sie außerdem eine ausgezeichnete Kinderstation – vor allem auch für eventuelle Frühgeburten waren sie bestens gerüstet.

Der diensthabende Oberarzt entschied sich wohl

wegen meines zu engen Geburtskanals für einen Kaiserschnitt.

Wie erst später bekannt wurde, muss der Anästhesist die Dosis zu hoch angesetzt haben, sodass ich nicht nur länger, sondern auch intensiver narkotisiert wurde, als es für diese Operation ausgereicht hätte.

Ich schlief ein und dürfte zunächst völlig ohne Bewusstsein gewesen sein. Nach einer Weile nahm ich Dämmerlicht wahr, aber ich befand mich nicht im Operationssaal. Vielmehr sah ich mich in irgendeinem dunklen Flur, der nach vorn hin immer heller wurde. Noch im Flur kam mir jemand entgegen, der mich liebevoll anschaute und zugleich auch traurig zu blicken schien. Ich schaute genauer hin und sah meinen Vater, der schon fünf Jahre zuvor verstorben war. Seine Gestalt schien durchscheinend zu sein.

Er begrüßte mich freundlich und sagte: »Amira, mein Mäuschen, ich bin glücklich, dass es dir trotz der Operation gutgeht. Du wirst dich wieder sehr schnell erholen.«

»Wie fühlst du dich, Papa? Wie geht es dir?«

»Mir geht es gut. Aber Amira, mein Kind, ich muss dir etwas sagen, was dir wehtut: Amira, ich bin gekommen, um deinen Sohn abzuholen.«

»Was …? Aber Papa, wieso denn das?«

»Dein Kind ist nicht lebensfähig. Seine Lungen

arbeiten nicht richtig. Und die Herzklappen schließen nicht vollständig.«

»Kann das denn nicht operiert werden?«

»Auch zwei Operationen würden bei dem Kind keinen Erfolg bringen. Es würde nie richtig leben können.«

»Aber wir haben uns so auf dieses Kind gefreut!«

»Ich weiß es, Amira. Aber glaub mir, für deinen Sohn ist es ganz sicher so am besten.«

»Papa, gibt es denn da keine andere Möglichkeit?«

»Dein Sohn hätte ein schreckliches Dasein. Er könnte auch nie richtig leben. Wenn er aber mit mir geht, wird er glücklich. Glaub mir.«

»Und werden wir je wieder ein Kind bekommen?«

»Doch, ihr werdet zwei gesunde Kinder bekommen. Aber jetzt noch nicht. Hab Geduld und Vertrauen.«

Damit war mein Vater nicht mehr zu sehen. Er war weg. Ich schaute voller Verzweiflung in den jetzt nur spärlich erleuchteten Flur und dämmerte wieder ein in einen dunklen Schlaf.

Erst später erwachte ich auf der Intensivstation, wo sich die Pflegekräfte sehr um mich bemühten. Eigenartigerweise erschien kein Arzt.

Schließlich fragte ich mit matter Stimme eine Stationsschwester, was denn nun geschehen sei.

Sie äußerte, der Oberarzt würde mir alles erklären, wenn ich wieder bei Kräften sei.

Erst am nächsten Tag kam der Oberarzt, untersuchte mich eingehend und informierte mich geduldig und einfühlsam: »Zunächst möchte ich Ihnen nach der Untersuchung sagen, dass es Ihnen persönlich den Umständen entsprechend gutgeht. Sie haben die Operation gut überstanden und können bald wieder entlassen werden.«

»Und was ist mit meinem Kind?«

»Diese Antwort bereitet mir Schmerz und Sorge.«

»Sagen Sie es. Ich ahne es schon.«

»Ihr Söhnchen hat einige Minuten gelebt. Es hatte aber größte Probleme mit dem Atmen und auch mit der Durchblutung des kleinen Körpers. Es wurde sofort im Brutkasten nach allen Möglichkeiten der medizinischen Frühgeborenenversorgung reanimiert und bestmöglich behandelt. Ihr Kind ist aber schon nach etwa zehn Minuten verstorben.«

Ich bäumte mich voller Zorn im Bett auf und spürte die Schmerzen meiner Kaiserschnittwunde.

Der Oberarzt reagierte aber ruhig und einfühlsam: »Ich verstehe Ihre Trauer. Aber glauben Sie mir: Ihrem Sohn ist ein sehr schlimmes Leben erspart geblieben. Seine Lungen haben kaum richtig gearbeitet. Und auch sein Kreislauf hatte größte Probleme

*mit der Blutversorgung des Körpers. Das zeigten
die Krankheitssymptome ganz eindeutig. Mir tut Ihr
Schicksal unglaublich leid. Aber schauen Sie bitte in
die Zukunft. Sie sind noch sehr jung und haben das
ganze Leben noch vor sich.«*

*Auch meinem Mann erklärte er das Schicksal
unseres toten Söhnchens. Er wollte zunächst heftig
aufbegehren, sah aber ein, dass die Ärzte alles getan
hatten, um unser Kind am Leben zu erhalten.*

*Als ich mich wieder stark genug fühlte und meine
Schmerzen nachließen, wollten wir unser Kind sehen,
das entsprechend aufbewahrt worden war.*

*Bei seinem Anblick mit bläulich-wächserner Farbe
und so klein und winzig brach ich in einen Wein-
krampf aus. Mein Mann umarmte mich fest und
innig. Aber ich wollte das Kind trotzdem sehen und
brauchte auch den Anblick für meine Trauer.*

*Dabei dachte ich ganz fest an die Zusage meines
Vaters, dass es unserem Söhnchen so besser ergehen
würde. Außerdem hatte er mir auch zugesichert, dass
wir noch gesunde Kinder bekommen würden.*

Ich vertraute meinem Vater.

Durch ihren Vater wusste Amira D. bereits um das
Schicksal ihres Kindes, noch bevor der Arzt ihr von
dessen frühem Tod berichten konnte. In dem Nah-

toderlebnis wurde ganz genau geschildert, was parallel zum Tiefschlaf dieser Frau geschah.

Als ihr der Oberarzt die medizinische Gewissheit bringt, zeigt sie sich dennoch in größter Erschütterung und Trauer. Das ist durchaus verständlich. Denn trotz der Intensität und der Gewissheit, dass es sich bei der Begegnung mit ihrem Vater um ein tatsächliches Erlebnis handelt, hat sie sich irgendwie noch an den Strohhalm geklammert, es könne vielleicht doch noch anders kommen, als es der Vater ihr eröffnet hatte. Aber nachdem sie erfahren hat, dass alles detailgenau stimmte, schließt sie jede Erklärungsmöglichkeit des Phänomens als Trugbild, Traum oder dergleichen kategorisch aus.

Sechzehnjähriger mit lebensgefährlichem Rennrad – Erinnerungen eines Kulturpolitikers

Dr. Ullrich W., Volljurist und zugleich ausgebildeter Opernsänger, war in vielen verantwortlichen Positionen der Landesverwaltung eingesetzt und wurde schließlich zu einem einflussreichen Kulturpolitiker im bevölkerungsreichsten Bundesland Deutschlands. Hierbei war sowohl seine juristische Ausbildung von unschätzbarem Wert als auch seine künstlerische

Kompetenz von größtem Nutzen. Durch seine seltene Doppelqualifikation stand er bei den Bürgern lange Zeit als wichtiger Kulturpolitiker in sehr hohem Ansehen.

Nach weitaus mehr als drei Jahrzehnten erinnert sich Dr. Ullrich W. an einen sehr schweren Unfall, der ihn buchstäblich an den Rand des Todes gebracht hatte:

Mit sechzehn Jahren hatte ich mir mühsam das Geld für die Erfüllung meines größten Wunschs zusammengespart: ein Rennrad. Für die damalige Zeit war das eine Sensation, die Verwirklichung meines Jugendtraums.

Nun wartete ich höchst ungeduldig auf einen regenfreien Tag, um mit meinem schnellen Rad loszurasen. Hierzu war eine steile Straße in meinem damaligen Heimatort an der Weser wie geschaffen. Und genau auf dieser brisanten Gefällstrecke probierte ich mein Superrennrad aus und ging direkt in die Vollen: Ich jagte wie ein Wilder mit Höchstgeschwindigkeit bergab. Es konnte gar nicht schnell genug gehen.

Plötzlich sah ich, wie mir ein Traktor entgegenkam, der sage und schreibe drei Anhänger hinter sich herzog. Das war natürlich nicht erlaubt. Genauso, wie es verboten war, dass er ohne jede Vor- und

Rücksicht einfach von dieser Vorfahrtsstraße nach links in eine Ortsstraße abbog und mir dadurch meinen Weg mit seinem sehr langen Gefährt versperrte. Diese Situation und der gesamte Ablauf wurden mir erst viel, viel später klar.

Im Moment durchzuckte es mich nur, und ich reagierte instinktiv, um einen ungeheuren Aufprall zu verhindern. Ich zog die Handgriffe für die Felgenbremsen. Aber dies brachte kaum etwas. Also lenkte ich reflexartig nach rechts in die gleiche Ortsstraße, in die der Traktor hineinfuhr. Durch diese Reaktion wollte ich an dem Gefährt vorbeikommen, nahm in Kauf, es notfalls auch zu schrammen. Aber meine Geschwindigkeit war natürlich viel zu hoch.

Deshalb jagte ich zunächst gegen das rechte Vorderrad des Schleppers und stürzte mit voller Wucht zu Boden. Dabei fiel ich aber nicht nach rechts und damit auf die freie Straße, sondern direkt unter das wuchtige Hinterrad der enorm großen Zugmaschine. Ich spürte, wie dieses riesige Rad meinen Körper seitlich erfasste. Es ist kaum zu beschreiben, was man in solch einer schrecklichen Situation empfindet. Mir schoss nur noch durch den Kopf, dass mich dieses riesige Hinterrad nicht nur erfassen, sondern auch überrollen würde. Dann aber bist du tot, dachte ich noch. Da wurde es auch schon dunkel vor meinen

Augen. Denn mein Kopf war ja ebenfalls mit voller Wucht auf die Straße geknallt.

Nun rollte vor meinem geistigen Auge mein gesamtes bisheriges Leben ab. Erinnerungen und Bilder zeigten sich, die ich schon lange vergessen hatte, und an die ich mich auch kaum noch erinnern konnte. Ich sah Ereignisse aus meiner Kindheit, meine Eltern und Geschwister erblickte ich, und einzelne Begebenheiten aus meiner bisherigen Schulzeit nahm ich plastisch wahr, auch solche, die ich nicht alle für unbedingt erinnernswert gehalten hätte. Diese Szenen sah ich vor meinem geistigen Auge so klar und deutlich, als würden jene Lebensereignisse gerade erst im Moment geschehen.

Und dann sah ich mich auf einmal in einer riesengroßen Röhre, einer Art langem Tunnel. Ich begann hindurchzuschweben und erblickte am anderen Ende ein extrem helles, ja, gleißendes Licht, das mich aber nicht blendete.

Doch da brachen alle diese Vorstellungen ganz jäh und plötzlich ab. Denn ich kam zur Besinnung und war wieder bei Bewusstsein.

Beim Erwachen aus meiner Besinnungslosigkeit fragte ich mich ganz erstaunt: War ich denn nicht wirklich tot? Was ist eigentlich mit mir geschehen?

Ich lag immer noch vor dem Hinterrad des Tre-

ckers, den sein Fahrer im letzten Augenblick durch eine Vollbremsung zum Stehen gebracht hatte.

Der Fahrer und Passanten hoben mich empor und halfen mir dabei, auf der Straße zu stehen und mich wieder einigermaßen vorwärts zu bewegen.

Außer etlichen Schrammen und Blutergüssen hatte mein Körper zum Glück keine schlimmen Folgen erlitten. Allerdings war ich noch sehr benommen. Heute würde man mich wohl zunächst in ein Krankenhaus bringen und mich genau untersuchen, bevor man mich nach Hause gehen ließe.

Damals aber packte ich benommen und geschockt mein total demoliertes Fahrrad und schleppte mich nach Hause. Meine Eltern waren über den Vorfall natürlich alles andere als begeistert. Sie waren sehr besorgt, schimpften auch nicht, sondern waren glücklich, dass dieser Unfall so verhältnismäßig glimpflich abgelaufen war.

Allerdings bekam ich kein neues Rennrad. Ich wollte auch keins mehr haben.

Was dieses Erlebnis von einem gewöhnlichen Traum oder einer Halluzination unterscheidet, ist vor allem der Ablauf seines bisherigen Lebens vor dem geistigen Auge von Dr. Ullrich W., wie er für Nahtodeserfahrungen symptomatisch ist.

Der Kopfsturz einer Zehnjährigen

Die zehnjährige Ulla B. befand sich auf dem Heimweg von der Schule. Sie rutschte in einer Öllache aus und stürzte mit dem Hinterkopf auf den Boden. Nach kurzer Benommenheit stand sie wieder auf und ging nach Hause, so als ob nichts geschehen wäre.

Daheim erzählte sie nur, sie sei in einer Ölpfütze ausgerutscht und auf den Boden gefallen. Doch noch während des Mittagessens wurde es ihr übel. Das Mädchen musste zur Toilette gehen, um sich zu übergeben.

Die Mutter benachrichtigte sofort den Arzt, der es untersuchte und zunächst Bettruhe verordnete. Als es im Bett lag, verlor das Kind die Besinnung.

Schließlich rief der Arzt einen Rettungswagen, der das Mädchen in die Notaufnahme eines Krankenhauses brachte. Auch dort wurde es wieder untersucht und unter intensive Beobachtung gestellt. Erst nach etwa fünfzehn Stunden erwachte das Mädchen wieder aus seiner Bewusstlosigkeit.

Ulla B. berichtete später in ihren kindlichen Worten Folgendes über diese Begebenheit:

Zunächst war es dunkel um mich. Wie lange das wohl gedauert hat, weiß ich nicht. Auf einmal war es nicht mehr dunkel, sondern es wurde immer heller. Ich stand dann vor einer Art Treppe. Sie war ziemlich breit und hatte an den Seiten kein Geländer. Aber das war auch nicht schlimm, denn ich fand ganz leicht hinauf – so als ob ich hinaufschwebte.

Je weiter ich nach oben kam, umso heller wurde es. Auf einmal kam ich in einem großen Garten an. Sein Rasen war grün und so ähnlich, als wäre er kurz zuvor sauber gemäht worden. Auf dem Rasen standen viele Blumen. Ich freute mich über diesen schönen, großen und gepflegten Garten. Er hatte einen sehr weiten Zaun, der ziemlich hoch war. Aber wenn ich etwas größer gewesen wäre, hätte ich vielleicht über diesen Zaun hinüberblicken können.

So aber sah ich nur den sehr schönen Garten mit seinen bunten Blumen und ganz hinten den hohen Zaun. Ich hatte für den Zaun kein großes Interesse. Der Garten war ja viel interessanter.

Ich fühlte mich in diesem Garten mit seinem schönen Rasen und all den bunten Blumen richtig wohl und glücklich. Hier wollte ich bleiben. Hier war es viel schöner als in der Schule und zu Hause.

Aber da dachte ich an meine Mutter. Was würde sie denn jetzt machen?

Hier spürte ich keinen Hunger und Durst. Ich brauchte auch keinen Schlaf. Denn ich fühlte mich richtig wohl und glücklich. Nur meine Mutter tat mir leid.

Je mehr ich in diesem Garten herumschaute, umso heller wurde es. Ich sah auf einmal eine sehr hohe Gestalt, die fast aus lauter Licht zu bestehen schien. Aus diesem Licht heraus hörte ich eine klare und deutliche Stimme: »Möchtest du hierbleiben?«

Ich gab zur Antwort: »Gern würde ich bleiben. Hier ist es wunderschön. Es gefällt mir alles so sehr. Aber ich denke auch an meine Mutter. Sie ist sicher sehr traurig, wenn ich nicht mehr bei ihr bin.«

Die Gestalt in diesem Licht sagte mir dann: »Es ist schön, dass du an deine Mutter denkst. Wenn du wieder zu ihr zurückkehren willst, dann kannst du das gern tun.«

Da aber fragte ich noch weiter: »Und was ist, wenn ich später wieder einmal hierherkommen möchte?«

»Dann kannst du wiederkommen. Das wirst du auch irgendwann tun.«

»O ja! Hier ist es wunderschön. Am liebsten würde ich bleiben. Aber dann nur mit meiner Mutter, meinen Schwestern und auch mit meinem Vater.«

»Das ist aber jetzt noch nicht möglich. Später könnt ihr alle einmal herkommen.«

»Ich habe noch eine Frage, wenn ich darf.«

»Natürlich!«

»Was ist denn da hinter dem hohen Zaun?«

»Das ist das, was bei euch ›die Ewigkeit‹ heißt.«

»Und was ist das, die Ewigkeit?«

»Das ist das Leben nach dem Weggang von der Erde. Wenn die Menschen sterben, dann fängt für sie das Leben hier an. Dann lebt der Leib nicht mehr. Er ist tot. Aber der andere Teil besteht weiter. Er kann nicht sterben. Er lebt für immer fort.«

»Lebt denn auch ein Teil von mir, meiner Mama, meinem Papa und meinen Schwestern einmal weiter?«

»So ist es! Jeder Mensch lebt weiter.«

»Das ist aber sehr schön. Genau so schön wie alles, was ich hier gesehen habe.«

»Das hast du sehr gut gesagt. Du willst nun jedoch zurückkehren. Das ist auch möglich. Nun geh wieder zu deinen Eltern und Schwestern. — Einmal aber wirst du wieder zurückkommen. Und dann wirst du froh und glücklich sein.«

Nun wurde es im Garten immer dunkler. Und ich kletterte die nur spärlich erleuchtete Treppe hinab. Dann wurde es ganz dunkel um mich.

Schließlich erwachte ich im Krankenhaus. Als ich die Augen aufschlug, sah ich über mir Kabel und Flaschen mit Flüssigkeiten und dazu auch einige

Krankenschwestern. Sie blickten mich voll Begeiste-
rung an. Sie schienen zu winken. Schließlich kamen
meine Eltern an mein Bett. Sie waren überglücklich.
Ich fühlte mich allmählich einigermaßen wohl,
spürte jedoch anfangs noch die Schmerzen an mei-
nem Hinterkopf. Die Erlebnisse in der anderen Welt
aber konnte ich nie vergessen!

Auch hier werden zumindest im Ansatz Vorstellungen von der Zukunft des Kindes angesprochen wie auch die Sorge um seine Eltern und Schwestern. Bemerkenswert ist darüber hinaus der Wunsch nach einer Rückkehr in das erlebte jenseitige Dasein – dessen völlig andere Wirklichkeit dem Mädchen sehr wohl bewusst wurde –, aber nicht ohne die Begleitung der Familie!

Das Nahtoderlebnis eines hochgelehrten Atheisten

Prof. Dr. Voltan W. lehrte angewandte Physik an einer großen und bedeutenden Universität in Westdeutschland. Darauf war er besonders stolz. Er legte großen Wert darauf, sich nicht in Theorien zu verlieren, sondern seinen Studenten gleichsam »Naturwissenschaft in praxi« zu vermitteln. Neben seiner Ausbildung an deutschen Hochschulen hatte er auch in Oxford studiert, daneben an der Sorbonne und schließlich an der Lomonossow-Universität in Moskau.

Nun war er in seiner Fakultät eine Art Superstar und schien das auch weidlich auszukosten. Bei seinen Studenten war er wegen seiner profunden Kenntnisse und seines wissenschaftlichen Rufs ein gefragter Mann. Seine Vorlesungen waren immer voll, genauso seine Seminare.

Trotz des Respekts und der Anerkennung war er aber nicht beliebt. Denn einerseits signalisierte er jedermann, was für ein toller Hecht er doch sei. Andererseits ließ er zu jeder passenden wie auch ungeeigneten Gelegenheit erkennen, dass er als Naturwissenschaftler und herausragender Hochschullehrer alles, was mit dem Thema Religion zusammenhing, infrage stellte, ablehnte, wenn nicht zutiefst verachtete.

Bei seinen Kollegen war er ebenfalls nicht gut gelitten, weil sie ihn wegen seiner arroganten Art nicht mochten und seine zur Schau getragene Areligiosität ablehnten.

Seine negative Einstellung zur Religion ging sogar so weit, dass er seinen Vornamen amtlich ändern ließ: Eigentlich hieß er Wolfgang W. Da sein Name ihm aber – aus welchen Gründen auch immer – zu religiös vorbelastet vorkam, ließ er ihn in einen ähnlich klingenden umändern. Nun nannte er sich »Voltan W.«. Interessant ist dabei, dass selbst die entschiedensten kommunistischen Religionsgegner zwar in Einzelfällen ihre Familiennamen geändert hatten, aber auf keinen Fall ihre Vornamen, auch wenn diese noch mehr »religiös besetzt« waren wie etwa Josef, Gregor, Andreas oder Michael.

Zunächst zeigte Voltan W. nur leichte Anflüge von Spott und höhnischen Bemerkungen. Doch dann steigerte er sich in immer gröbere Ausfälle. Die meisten Studenten waren gegenüber diesen Äußerungen inzwischen völlig abgestumpft. Sie hörten entweder nicht mehr richtig hin oder konzentrierten sich nur noch auf die physikalischen Inhalte und Experimente. Einer von ihnen hatte sich jedoch schon seit längerer Zeit vorgenommen, wenn er diese Universität verließe, wolle er Professor W. einmal zur Rede stellen.

Gegen Ende des Sommersemesters ergab sich dazu eine Gelegenheit. Der Professor hatte zu diesem Zeitpunkt ein ganz besonderes Projekt geplant: »Meine Forschungsversuche möchte ich nun in ein ganz spezielles Experiment münden lassen. So etwas wäre im Mittelalter von der Inquisition geahndet worden und hätte mich wahrscheinlich auch auf den Scheiterhaufen gebracht. Diese Zustände waren damals auch kein Wunder bei jenen dümmlichen, dickbäuchigen Pfaffen und Klosterbrüdern. Sie ließen es sich in ihren Kirchen und Klöstern gut ergehen.«

Das war das Stichwort für den Studenten: »Ich habe da mal eine Frage.«

»Ja, bitte sehr. Interessiert Sie auch das Thema Inquisition?«

»Mich interessiert etwas völlig anderes, nämlich die Frage, was Ihr Experiment mit Ihren despektierlichen Bemerkungen zur Religion zu tun hat.«

Professor W. reagierte leicht indigniert, wahrte aber die Contenance: »Meine Damen und Herren, was sagen *Sie* denn zu der Frage Ihres Herrn Kommilitonen?«

Aber Voltan W. erntete nur eisiges Schweigen. Er war irritiert und griff nun zu einem bisher bewährten Hilfsmittel – er wurde süffisant: »Sie studieren sicher auch Theologie?«

»Ich studiere keine Theologie, sondern neben Physik auch Mathematik.«

Die überwältigende Mehrheit der Studenten grinste und nickte ihrem Kommilitonen aufmunternd zu. Am liebsten hätte Voltan W. einfach weitergemacht, doch das hätte wohl nach einem Zugeständnis ausgesehen. Also sprach er: »Die Antwort auf Ihre Frage ist doch ziemlich einfach: Naturwissenschaftliche Lehrsätze kann man beweisen, Lehrsätze der Religion aber nicht.«

Darauf der Student: »Und wieso nicht? Sie sagen das einfach so pauschal. Welchen Ursprung haben denn alle Existenzen im Kosmos? Können Sie das denn *naturwissenschaftlich* beweisen?«

»Das geht auf den Urknall zurück.«

»Können Sie den denn naturwissenschaftlich nachweisen?«

»Den kann man sich logisch erschließen, und die Mehrheit der führenden Wissenschaftler stimmt mit dieser Theorie überein.«

»Und selbst wenn es so ist: Wer hat so etwas wie den Urknall oder Ähnliches möglicherweise verursacht?«

Man glaubt es kaum, dass einem hochgebildeten Wissenschaftler solch ein Satz über die Lippen kommt, aber er antwortete tatsächlich: »Das ist sicher irgendwie von selbst so geschehen …«

Professor Voltan W. verzichtete schließlich auf sein Experiment. Und in seinen restlichen Lehrveranstaltungen war er mit abfälligen Bemerkungen zum Thema Religion deutlich zurückhaltender. Dennoch hielt er in seiner lehrfreien Zeit anderenorts Vorträge, in denen er so weitermachte wie bisher. Bei einer Veranstaltung in einer großen rheinischen Universität brach er schließlich zusammen und wurde auf schnellstem Weg in die nächste Klinik eingeliefert.

Voltan W. berichtete später von der Zeit unmittelbar vor seinem Kollaps und seiner todesnahen Bewusstlosigkeit danach:

Ich sah noch die erstaunten Gesichter meiner Zuhörer. Es müssen sehr viele Studenten, aber dem Alter nach wohl auch zahlreiche Dozenten gewesen sein. Mein Vortrag schien sie sehr zu interessieren.

Da fühlte ich plötzlich einen stechenden Schmerz in meiner linken Brusthälfte, der sich in die linke Schulter hinauf ausdehnte. Ich hielt mich an den beiden Seiten des Pults fest und spürte, wie meine Knie auf einmal regelrecht weich und wacklig wurden. Schließlich versuchte ich noch verzweifelt, mich an den Seitenblenden des Katheders festzuklammern. Aber da hatten meine Hände bald keine Kraft mehr, und ich rutschte buchstäblich zu Boden. Doch davon bekam ich nichts mehr mit.

Ich muss wohl in einen sich immer mehr vertiefenden Schlaf gefallen sein. Das habe ich später aus den ärztlichen Befunden abgeleitet.

Zunächst befand ich mich wahrscheinlich im Zustand des Normalschlafs, an den ich keine einzelnen Erinnerungen habe. Doch dann muss ich in einen im-

mer stärkeren Tiefschlaf gesunken sein, der bei mir mehr und mehr den Eindruck einer ungeheuren Dunkelheit hinterlassen hat. An diese extreme Finsternis kann ich mich noch genau erinnern, weil da ein ganz seltsamer Übergang stattfand.

Diese Dunkelheit ließ allmählich ein bisschen, aber nicht viel nach, und ich sah vor mir so eine Art Nebel, der aber ganz anders war als etwa dunkler Herbstnebel. Dieser eigenartige Nebel vor mir war wie eine Mauer, die nur an wenigen Stellen etwas Helligkeit hindurchließ. Während Herbstnebel ein weites Gelände bedeckt, hatte ich hier den Eindruck, da sei nur eine Art Wand mit geringfügiger Lichtdurchlässigkeit, dahinter aber befinde sich irgendein helles Licht. Es kam jedoch weder zu mir noch ich zu ihm durch.

Ich wartete, doch zunächst passierte überhaupt nichts. Es dauerte wohl ziemlich lange, und mir wurde es buchstäblich langweilig. Einen Körper hatte ich nach meinem Eindruck nicht. Sonst hätte ich versucht, meine Augen zu schließen und einfach zu schlafen. Ich erblickte vor mir dieses seltsame »Fastdunkel«, dem ich einfach nicht entfliehen konnte. Oh, wie sehr hätte ich mir nun meine körperlichen Funktionen gewünscht! Einfach Augen zu und schlafen. Aber das war nicht möglich. Oder ich hätte gern Licht gehabt. Aber es blieb dunkel mit nur einem

winzigen Schimmer. Nun suchte ich nach irgendeiner
Möglichkeit, vielleicht künstliches Licht anzuschalten.
Aber wo und wie?

Ich befand mich in einer so furchtbaren Ohnmacht
und in einer so jämmerlichen Verfassung, dass ich
verrückt zu werden drohte. Aber nichts geschah.
Vielmehr erinnerte ich mich noch an sämtliche Einzelheiten der letzten Wochen: Ich war von Vortrag zu
Vortrag gereist und wurde umjubelt. Mein neuestes
Buch hatte reißenden Absatz gefunden und sorgte
für einen enormen Bekanntheitsgrad meiner Person.

In dieser Düsternis, die sich durch nichts verändern
zu lassen schien, dachte ich über mich selbst nach. Da
drängten sich mir eine Menge Gedanken auf: Wenn
ich ohne Körper bin, was bin ich denn dann? Bin
ich jetzt nicht eigentlich tot? Aber ich scheine doch
irgendwie zu existieren. Als was existiere ich denn
überhaupt? Ist das alles ein böser Traum? Aber das
kann es sicher nicht sein, denn ein Traum müsste ja
nun längst sein Ende gefunden haben. Bin ich geistes-
gestört? Trotz meiner Angst, buchstäblich verrückt
zu werden, beurteilte ich meinen geistigen Zustand
als normal. Denn ich dachte noch immer folgerichtig
und konsequent, erkannte klar und deutlich meine
Befindlichkeit und schätzte meine Situation zweifellos
sachlich und richtig ein.

Da ließ mich der Gedanke an meinen Körper nicht los. Ich brachte es auf eine einfache Formel: Wenn mein Leib zwar lebensgefährlich geschädigt und beeinträchtigt sein sollte, aber immerhin noch lebt, dann müssten doch meine Gedanken und Gefühle in der Nähe dieses Körpers angesiedelt sein. Hier aber war ich mit Sicherheit ohne irgendetwas Körperähnliches! Denn sonst hätte ich etwa meine Augen schließen und schlafen können. Aber alle diese Leibesfunktionen hatte ich eindeutig nicht. Vielmehr war ich jenem »Dreivierteldunkel« einfach ausgesetzt.

Wenn aber mein Leib tatsächlich nicht mehr lebte und ich somit tot wäre, wieso existierte ich denn überhaupt noch? Denn ich konnte mir ja noch viele Gedanken machen und auch ärgerliche Empfindungen haben über diese eigenartige Nebelwand. Also musste ich irgendwie noch leben. Aber wie?

Für mich gab es eindeutig nur zwei Möglichkeiten: Entweder mein Körper lebte noch und ich damit auch. Oder mein Körper war tot. Und dann musste ja mein Leben unabdingbar zu Ende sein. Wieso schien ich aber noch zu existieren, doch ohne meinen Leib? Irgendeine dritte Möglichkeit konnte ich mir einfach nicht vorstellen.

Da, auf einmal, geschah es: Diese seltsame und

nur durch ein paar Schimmer durchzogene Finsternis erhellte sich noch ein wenig mehr, und ich sah eine Gestalt, die auf mich zukam. Sie sah durchscheinend aus, als hätte sie keinen materiellen Leib. Bei näherem Hinsehen erkannte ich meinen etwa zwölf Jahre zuvor verstorbenen Vater. Die Riesenüberraschung, hier in diesem Umfeld und Zustand überhaupt jemanden zu sehen, und dann ausgerechnet auch noch meinen Vater, versetzte mich so sehr in Erstaunen, dass ich sprachlos war und keine Worte fand, auch wenn ich es noch so sehr wünschte.

Mein Vater begann zu sprechen: »Wolfgang, mein Junge, was machst du für Sachen?«

»Wieso, Papa, was meinst du?«

»Du wetterst in deinen Vorträgen gegen alles, was etwas mit der Religion, religiösem Denken und Empfinden sowie mit Gott zu tun hat. Du weißt, dass ich als Lehrer für Physik und Chemie immer gesagt habe: ›Es ist gut, wenn man beweisen kann, was es in den Naturwissenschaften an Lehrsätzen gibt. Aber vieles kann man nicht beweisen, und trotzdem ist es wahr.‹ Auch an den berühmtesten Universitäten kann man die letzten und wichtigsten Weisheiten nicht erfahren.«

Mit diesen Worten war mein Vater verschwunden, ganz plötzlich – er war einfach nicht mehr zu sehen.

Um mich herum wurde es wieder dunkler. Denn die Gestalt meines Vaters war nicht mehr da. Ich rief ihm noch nach. Aber alles blieb still und ziemlich dunkel.

Sehr gern hätte ich mich noch weiter mit ihm unterhalten. Ich war von diesem Gespräch tief beeindruckt. Mein Vater, dem ich immer nachgeeifert hatte und der für mich ein unauslöschliches Vorbild gewesen war, stand immer gedanklich vor mir wie ein riesiges Denkmal. Nun war er genauso schnell fort, wie er gekommen war. Ich hätte noch viele Fragen an ihn gehabt.

In dieser sonderbaren Teilfinsternis begann ich, darüber nachzudenken, was mein Vater mir eigentlich hatte mitteilen wollen: Es lässt sich — auch naturwissenschaftlich — nicht alles beweisen, was es trotzdem gibt.

Warum hatte mir mein Vater nicht einfach und schlüssig gesagt, ob es nun so etwas wie Gott und ein Weiterleben nach dem Tod gibt oder nicht? Aber wenn es das nicht gäbe, wie hätte ich dann jetzt mit ihm kommunizieren können?

Da kam mir wieder in den Sinn, dass mein Vater seinen Schülerinnen und Schülern die Lehrinhalte darstellte, und er erklärte sie sehr exakt. Darüber nachdenken mussten sie dann aber selbst. Ebenso lag es auch an ihnen, die möglichen Schlussfolgerungen zu übernehmen oder auch nicht. Er zwang niemanden dazu, Interpretationen anzunehmen. Und das Eigenartige war, seine Schüler verstanden ihn und übernahmen auch seine Erklärungen. Er war eben ein begnadeter Pädagoge.

Und was war ich?

Auf einmal schämte ich mich fast. Da hatte ich jahrelang studiert, und zwar an den renommiertesten Universitäten. Davon hatte ich meinen Eltern, vor allem meinem Vater, immer stolz und begeistert berichtet. Die beiden nickten immer nur zufrieden. Sie hatten sich manches Geld vom Munde abgespart, damit ich an möglichst vielen und bedeutenden Universitäten würde studieren können.

Gern hätte ich noch die Meinung meines Vaters darüber gehört, dass ich Hochschullehrer an einer renommierten Universität werden würde. Aber ausgerechnet vor meiner Berufung zum Professor war mein Vater verstorben. Das hatte mich unglaublich tief getroffen. Doch obwohl er gestorben war, wusste er über alles genau Bescheid, was ich in der Universität lehrte und was ich in meinen Vorträgen äußerte. Woher wusste er das nur?

Wer lag denn nun wohl falsch: mein Vater oder ich? Nun, mein Vater schien ja wie gesagt auch nach seinem Tod noch weiterzuexistieren ...

Und wie stand es jetzt mit mir?

So leicht konnte mich nichts umwerfen, und ich versuchte, eindeutig zu analysieren:

— *Ein Weiterleben nach dem Tod auf der Erde war nach meinen naturwissenschaftlichen Vorstellungen nicht erklär- und denkbar.*

— *Dennoch hatte ich zweifelsfrei festgestellt, dass mein vor zwölf Jahren verstorbener Vater sehr wohl noch existierte, also irgendwie doch weiterlebte, auch wenn ich mir das kaum erklären konnte. Er wirkte auch nicht wie das Phantom eines Traums, sondern wie ein über alle Einzelheiten bestens informierter Gesprächspartner, mit dem man auf anspruchsvollster Dialogebene reden konnte.*

— *Mein Vater war einerseits tot, und andererseits gab es ihn dennoch. Wie war das nur möglich?*

— *Und dann zu mir! Ich existierte auch noch, aber offenbar ohne meinen Körper. War mein Leib »nur« sehr schwer geschädigt, dann hätte ich noch mit ihm zusammen sein müssen. Tatsächlich schien ich jedoch ohne Körper sehr wohl zu existieren. War mein Körper aber tot, wieso konnte ich dann noch denken, empfinden und Wünsche, also Willensäußerungen, haben? Nach naturwissenschaftlichen Gesetzmäßigkeiten durfte es mich*

gedanklich und gefühlsmäßig überhaupt nicht
mehr geben! Dennoch war ich irgendwie aber
doch da!

Eigentlich hätte meine Abwehr gegen jede religiöse
und gläubige Einstellung jetzt wohl ins Wanken geraten müssen. Ich war aber zutiefst kritisch und naturwissenschaftlich orientiert. Und so leicht ließ ich mich
nicht verunsichern.

Ich blieb auch weiterhin in dieser seltsamen Finsternis, als befände ich mich in einer Art Dunkelhaft.
Wie lange ich in diesem Zustand verbracht habe,
weiß ich nicht. Hätte ich über einen Körper verfügt,
so hätte ich wie gesagt versucht, zu schlafen oder
zumindest »vor mich hin zu dösen«. So aber war ich
ununterbrochen bei **hellwachem Verstand**! Erst jetzt
begriff ich, wie großartig es ist, den menschlichen
Körper zu haben, und zwar eben wegen seiner Anfäl-
ligkeiten und Unvollkommenheiten. Leibliche Funktionen wie etwa die Müdigkeit hatte ich sehr oft im
Leben als lästig angesehen und mich häufig darüber
geärgert. Nun aber wäre ich darüber glücklich gewesen. Doch dieser Schutzschild existierte hier nicht.
Mich gab es aber trotzdem ...!

Während ich noch über mich und meinen Zustand
nachgrübelte, wurde es abermals ein bisschen heller:

Eine neue Gestalt kam auf mich zu, ebenfalls durchscheinend, aber sonst klar und deutlich erkennbar.

Dankbar für jeden Gesprächspartner in dieser Situation, redete ich diesen völlig Unbekannten auch sofort an: »Bist du ein Trauer- oder Todesbote, der mir schlimme Nachrichten überbringt?«

»Das bin ich nicht. Vielmehr begleite ich dich schon sehr lange. Ich möchte dir mitteilen, dass du sehr bald wieder im Diesseits sein wirst. Wenn die Ärzte nach deinem Herzinfarkt auch die schlimmsten Folgen behandelt haben, kehrst du wieder in dein körperliches Leben zurück.«

»Oh, woher weißt du das denn alles?«

»Als Geist sind mir körperliche und irdische Begrenzungen nicht versperrt.«

»Und welche Begrenzungen sind das?«

»Das sind Begrenzungen des Wissens, also der Informationen. Und weiter sind es Grenzen von Raum und Zeit. Der Geist ist nicht an diese Dimensionen gebunden. Deshalb hat er eine unbegrenzte Reichweite. Du standest und stehst übrigens unmittelbar an dieser Grenze wie an einer Schwelle, aber eben nur an der Schwelle. Nach der Trennung des Geistes von seinem Körper existiert der Geist selbstverständlich weiter, weil er nicht enden kann. Für die Menschen bedeutet das: Der Geistmensch trennt sich

vom Leibmenschen und lebt fort, während der Leibmensch sein Ende findet.«

»Du sagst: Der Geistmensch lebt weiter. Beginnt
er denn in deinem Jenseits ein ganz neues Leben?«

»Nein. Er setzt sein Leben fort, das er in der verbundenen Existenz mit seinem Leibmensch-Dasein
geführt hat. Er hat doch mit seinem Körper zusam-
mengelebt und manches bewirkt, unterlassen, verursacht oder verhindert. Der Mensch hat etwas getan
oder auch nicht getan. Das Ergebnis davon besteht
mit dem Geistmenschen weiter und setzt sich fort.
Wieso sollte dieser Mensch in der Trennung ein ganz
neues Leben anfangen? Der Mensch lebt und existiert als Geistmensch unmittelbar weiter, auch wenn
die Trennung vom Leibmenschen erfolgt ist.«

»Und was ist mit dem Tod? Den kannst du doch
wohl nicht leugnen, oder?«

»Den Tod gibt es nicht! Das ist die Vorstellung auf
der Erde: Wenn der Leib stirbt, dann bezeichnen die
Menschen das als ›Tod‹. Was die Menschen als ›Tod‹
bezeichnen, ist in Wirklichkeit die vollzogene Trennung von Leibmensch und Geistmensch. Letzterer
existiert weiter und lässt all das zurück, was Ersterer
war. Und der Leibmensch verfällt.«

»Und wie könnte man sich diesen Vorgang naturwissenschaftlich erklären?«

Bei dieser Frage zeigte sich im Gesicht meines Gesprächspartners der Anflug eines milden Lächelns, während ich bei seinen Antworten sonst keinerlei Regung bemerkt hatte. Er antwortete konkret: »Naturwissenschaftliche Untersuchungen beziehen sich auf materielle Prozesse, wozu auch der Leib gehört. Wenn er aber aufhört zu leben, dann hören auch alle damit verbundenen Untersuchungen auf.«

Im diesseitigen Leben hätte ich dazu gesagt: »Das muss ich erst einmal ›verdauen‹!« Mit seinen Erläuterungen konnte ich als Mensch, der alles sorgsam und mathematisch-naturwissenschaftlich abklopfte und absicherte, kaum etwas anfangen. Aber irgendwie schien es der Realität zu entsprechen. Nur, was war hier Realität? Zur irdischen Wirklichkeit passte es mit Sicherheit nicht. Aber was bedeutete »irdische Wirklichkeit« denn noch vor einer Weiterexistenz nach dem Tod als Mensch? Ja, einen Tod schien es ja auch nicht zu geben. Diesen Vorgang kann man nennen, wie man will: »Tod«, »Sterben«, »Ableben«, »Abschied«, »Dahinscheiden«, »Lebensende«, »Schluss« oder wie auch immer. Wenn es aber stimmte, was mir mein Dialogpartner nach dem Gespräch mit meinem Vater mitteilte, dann griffen alle diese Beschreibungen vom Ende des menschlichen Lebens völlig daneben.

*Des Weiteren fragte ich mein »Gegenüber«: »Und
was bleibt von all dem übrig, was ein Mensch auf der
Erde geleistet hat?«*

*»Das alles, was er getan, aber auch nicht getan
hat, nimmt er geistig selbstverständlich mit. Denn ge-
meinsam bewirkt hat er das ja zusammen mit seinem
Denken, Empfinden und **Wollen**! Das bleibt bei ihm
und mit ihm zusammen. Es kann nie verloren gehen.«*

*»Gibt es denn hier auch so etwas wie eine Bewer-
tung, ob sein Leben mit dem Leib zusammen nach
den Kriterien dieses Jenseits positiv oder negativ sein
könnte?«*

*»Die gibt es. Es gibt sogar eine doppelte Bewer-
tung. Die allererste Bewertung hat der Geistmensch
selbst. Er beurteilt sein Leben zunächst für sich.
Dazu läuft bei ihm sein ganzes Dasein geistig ab. In
einem klaren Licht sieht er sein Leben vor sich und
erkennt, was positiv und was negativ war. Und dann
hat er sein Empfinden. Auch das existiert weiter. Ist
er zur geistigen Liebe fähig oder hat er Hassgefühle?
Und dann äußert sich sein freier Wille. Denn wie gesagt existiert auch der freie Wille im Jenseits weiter.«*

*»Und welche Bedeutung hat im Jenseits der freie
Wille eines Menschen, also eines Geistmenschen?«*

*»Der Geistmensch verfügt über seinen freien Wil-
len und bestimmt, wie und in welcher Umgebung er*

weiterexistieren möchte: in der Glücksgemeinschaft mit dem höheren Wesen oder davon getrennt.«

»Ich denke doch, es ist klar, dass er in dieser Glücksgemeinschaft existieren möchte.«

»Das stimmt aber nicht. Wer ein irdisches Leben lang gegen das höhere Wesen eingestellt war und Abneigung bis hin zum Hass dagegen aufgebaut hat, behält diese Einstellung auch in dieser Welt bei. Denken, Empfinden und Wollen eines solchen Menschen, also dieses Geistmenschen, bleiben und existieren mit der ursprünglichen geistigen Haltung weiter.«

»Aber wenn ein solcher Mensch — oder eben auch Geistmensch — seine Haltung ändert, was ist dann?«

»Wer ein Leben lang gegen das höhere Wesen gekämpft hat, der bleibt auch im Jenseits dabei und verbreitet Hass, Zwietracht und Unfrieden. Es ist nicht möglich, dass ein solcher Geistmensch in der ewigen Glücksgemeinschaft friedlich zubringt.«

»Ich habe noch eine andere Frage: Du hast von einer weiteren Bewertung eines Lebens auf der Erde gesprochen. Was ist das?«

»Im gleichen überaus hellen Licht sieht der Geistmensch sein Leben nicht nur von seiner bisherigen Warte aus, sondern das gesamte Tun, aber ebenso das Nichtstun auch in überirdischer Bewertung.«

»*Was geschieht denn mit den Geistmenschen, die in die Glücksgemeinschaft gelangen wollen, obwohl sie in ihrem irdischen Leben Gott geleugnet und ihre Mitmenschen gehasst haben?*«

»*Das geschieht nie. Denn einerseits wollen solche Geistmenschen nicht in diese Gemeinschaft, und andererseits würden sie es in der unendlichen Fülle von Licht, Liebe, Friedlichkeit, Geborgenheit, dem grenzenlosen Empfinden von Miteinander, Füreinander und Glücksgefühl ohne jede Widersetzlichkeit überhaupt nicht aushalten. Sie schließen sich deshalb von selbst aus.*«

»*Und **wo** existieren sie dann?*«

»*Ort und Zeit gibt es im Jenseits nicht. Die Geistmenschen befinden sich in einem bestimmten Zustand. Deshalb brauchen sie auch weder irgendeinen Ort noch die Überwindung von irdischen Entfernungen. Sie können überall existieren, aber nicht im Zustand der Glücksgemeinschaft.*«

»*Was geschähe denn dann mit mir, wenn ich nicht zurückkehrte?*«

»*Das, was du selbst bewirkt hast: Deine Einstellung lehnt ja das höhere Wesen ab. Damit schließt du dich selbst aus der Gemeinschaft mit ihm aus. Außerdem fiele es dir auch sehr schwer, mit solchen Geistmenschen eine Gemeinschaft zu bilden, gegen* deren Überzeugung du bisher gearbeitet hast und die du nicht magst.«

Nach diesen Worten war mein Gesprächspartner fort. Er war jedenfalls nicht mehr wahrzunehmen. Ich hatte den Eindruck, nun müsse ich selbst nachdenken. Und dazu wolle er mir wohl Gelegenheit geben. Er schien mir alle wichtigen Fragen beantwortet zu haben. Jetzt lag es offenbar an mir, zu einer eigenen Meinung zu kommen.

Über alles das, was mir zuerst mein Vater und dann mein langjähriger Begleiter mitgeteilt hatten, war ich vollkommen verwirrt. Ich befand mich zweifellos in einem doppelten Nebelgrau und begann, an meiner bisherigen religionsfeindlichen Haltung zu zweifeln. Mit Sicherheit musste ich umdenken und mein Leben ändern.

Während ich noch darüber nachgrübelte, bin ich wahrscheinlich in einen tiefen Schlaf versunken, aus dem ich dann irgendwann erwachte. Dieser Schlaf hatte vermutlich seinen Auslöser in meinem Körper und seiner Betäubung. Denn als »körperferner Geist« konnte ich ja an der Grenze zum Jenseits keinen Schlaf finden. Insgesamt war ich nach Darstellung der Ärzte und des Pflegepersonals der Intensivstation sehr viele Stunden lang ohne Bewusstsein gewesen, offenbar aus medizinischen Gründen war dieser

Zustand auch künstlich verlängert worden. Sie bestätigten mir, dass ich im Anschluss an meinen schweren Herzinfarkt sogar bedenklich lange einen regelrechten Herzstillstand erlitten hatte.

Auch wenn ich von allem an der Schwelle zur jenseitigen Existenz Erlebten restlos überzeugt war, versetzte mich die Genauigkeit dieser Mitteilungen, etwa über meinen Gesundheitszustand und mein Leben in der diesseitigen Existenz, in höchstes Erstaunen.

Ich erholte mich dann rasch und konnte die Rehabilitation nach kurzer Zeit beenden. Und nach all dem Erfahrenen konnte ich mich nur dazu entschließen, ein gläubiger und demütiger Mensch zu werden.

Nach seinem prägenden Erlebnis an der Jenseitsschwelle änderte der zum Paulus gewordene Saulus seinen Vornamen wieder in »Wolfgang« um und traktierte seine Studenten auch nicht mehr mit seinen verbalen Ausfällen gegen alles Religiöse. Er war völlig umgewandelt. Im Gegensatz zu vorher verfasste er nun sogar auch Schriften, in denen er sich positiv zum Thema Religion äußerte. Darin betonte er vor allem immer wieder, vor dem irdischen Ende und dem Jenseits brauche man »keine Angst« zu haben.

Die Glaubwürdigkeit des Berichts vom Nahtoderlebnis dieses Patienten könnte aufgrund seiner enormen Länge kritisch gesehen werden: Er wirkt vielleicht konstruiert. Gegen diese Annahme spricht jedoch die berufsübliche Präzision eines Wissenschaftlers. Seine Glaubwürdigkeit zeigt sich vor allem aber in seiner Konsequenz: Vor seinem Nahtoderlebnis ein erklärter Atheist und Feind alles Religiösen, ist er nach dem Erlebnis der Todesnähe buchstäblich umgewandelt und vertritt mit der gleichen Vehemenz seine Wandlung hin zur gegenteiligen Geisteshaltung.

Beim Golfspiel vom Blitz getroffen

Bill Y. war in seiner aktiven Zeit leitender Angestellter einer großen Bank in den USA gewesen. Als smarter und voll auf Erfolg getrimmter Geldmensch hatte er sich vor allem mit Hedgefonds und Ähnlichem befasst, viele Anleger selbst zu riskanten Transaktionen animiert und so wesentlich mit dazu beigetragen, Bilanz und Rendite seines Arbeitgebers nach oben zu treiben. Der Vorstand der Bank lohnte es ihm mit einem hohen Gehalt, jährlichen Sonderhonoraren und speziellen Optionen in Form von Aktienpaketen.

Dass viele Anleger ihre finanziellen Möglichkeiten meist überschätzten und dadurch recht häufig ihre Reserven verloren und sogar manche Rücklagen für ihr Alter aufs Spiel setzten und dann leer ausgingen, erschütterte Bill Y. überhaupt nicht. Er zuckte dann höchstens mit den Schultern und murmelte irgendetwas wie: »Sorry! Business is business!«

Warum sollte ihn das auch belasten? Hauptsache war, die Bank und er hatten einen ordentlichen Profit gemacht. Im Übrigen war er ja seinem Arbeitgeber verpflichtet und nicht dem einzelnen Anleger. Diese »Kleininvestoren«, wie er sie abschätzig nannte, konnten ja vor Gericht ziehen und die Transaktionen juristisch nachprüfen lassen. Nur – die allermeisten taten diesen Schritt natürlich nicht, allein schon weil sie dazu kein Geld mehr hatten. Wandte sich aber dennoch einmal jemand an Justitia, so reagierten die bankeigenen Juristen mit den cleversten Tricks so lange, bis dem Kläger »die Puste ausging« oder bis es auf ganz »billige und dünne Vergleiche« hinauslief.

Banker Bill hatte also schon verhältnismäßig früh das »nötige Kleingeld« zusammen, um sich vorzeitig aus dem Geschäft zurückzuziehen und sich nur noch den angenehmen Dingen des Lebens zu widmen. Dazu gehörten etwa Eissegeln oder Windsurfen. Aber auch das Golfspiel hatte es ihm angetan.

Was er auch anstellte – es musste riskant sein und Nervenkitzel verursachen. Zog etwa beim Golfspiel ein Unwetter herauf und seine Mitspieler wollten sich in Sicherheit bringen, dann lachte er sie aus, nannte sie »Feiglinge« und brachte sie dazu, selbst im Gewitter weiterzuspielen. Und so musste es eines Tages so weit kommen: Während er den Schläger nach oben wuchtete, zuckte es im Gewitterdunkel blitzgrell und gleißend, begleitet von einem ohrenbetäubenden Knall. Einige der Mitspieler schauten unwillkürlich dorthin, wo ebendieses grelle Licht zu sehen war.

Ihren Mitspieler Bill sahen sie dort am Boden liegen. Er bewegte sich nicht. Sofort kümmerten sich zwei Männer um ihn, während ein dritter sich unmittelbar darauf auf den Boden kauerte und über sein Handy einen Rettungswagen anforderte.

Einer der beiden Mitgolfer versuchte es mit rhythmischem Handflächenpressen auf der Herzgegend und Mund-zu-Mund-Beatmung, bis nach etlichen Minuten die Sanitäter eintrafen und weitere Maßnahmen der Ersten Hilfe unternahmen. Nach einiger Zeit gelang es ihnen, Bill Y. so weit zu reanimieren, dass sie ihn in ein Krankenhaus bringen konnten.

Über diese gesamte Zeit seit dem Blitzschlag berichtete Bill Y. später Folgendes:

In meinem sportlichen Elan schwang ich den Golf-schläger besonders hoch, um den Ball mit voller Wucht ins ziemlich weit entfernte Loch einzuputten.

*Da wurde es unvorstellbar hell um mich. An mei-
nem Körper zuckte eine unglaubliche Energie oder
so etwas Ähnliches wie Elektrohitze vorbei. Und da
verlor ich auch die Besinnung. An diese Zeit kann ich
mich nicht weiter erinnern. Aber irgendwann schien
ich in so eine Art schwaches Halbdunkel hinüberzu-
dämmern.*

*Hier befand ich mich in einer ganz eigenartigen
Dunkelheit. Aber es war nicht die totale Finsternis
wie etwa in einer völlig mit Wolken verhangenen
Nacht. Vielmehr war es das sonderbare Dunkel,
das auf gleichsam magische Weise nur ein bisschen
in leicht hellerer Tönung wirkt. Es kam mir so vor,
als könne ich noch ein wenig erkennen, aber die einzelnen Umrisse meiner Umgebung blieben mir verborgen.*

*In meiner sonderbaren Dunkelheit hätte ich wegen
der besseren Konzentrationsfähigkeit ja umso besser
Höreindrücke aus meiner Umgebung wahrnehmen
können. Dies kam mir zu Bewusstsein, also versuchte
ich, besonders intensiv hinzuhören. Aber seltsam:
Alles blieb still. Wer wie ich dauernd in einer lärmen-
den Umgebung und Geräuschkulisse aus Allerwelts-
dudelei und Gerede gelebt hatte, war direkt froh und
glücklich über diese zunächst wohltuende Stille. Alles
war still und ruhig.*

In dieser eigenartigen Dunkelheit und absoluten Lautlosigkeit, über die ich zunächst froh war, fing ich irgendwann an nachzudenken: Was war eigentlich passiert? Wieso war ich nun in dieser doch eigentümlich anmutenden Umgebung?

Nun, ich hatte meine Mitspieler ausgelacht und verspottet, die wegen des inzwischen massiven Gewitters den Golfplatz verlassen und sich zurückziehen wollten. Ich hatte sie vehement dazu gedrängt, weiterzuspielen, schon allein deshalb, weil ich kurz davorstand, dieses Spiel zu gewinnen.

Irgendwie hatte ich sie dazu genötigt, sich selbst in Gefahr zu bringen. Denn das Gewitter entlud sich inzwischen in unvorstellbarer Gewalt: Die Blitze zuckten nur so um uns herum, und das jeweils sofortige gewaltige Krachen des Donners nahm überhaupt kein Ende. Schon als Schüler wusste ich, dass in solch einem Fall die allergrößte Gefahr bestand, von einem Blitz unmittelbar getroffen zu werden. Aber ich war schon immer ein Draufgänger gewesen – und ich wollte dieses Spiel unbedingt gewinnen!

Also jagte ich den Schläger nach oben – und holte damit wohl für längere Zeit, wenn nicht gar für immer, zu meinem letzten Schlag aus.

Es wurde unheimlich hell um mich herum. Nun kam es mir zu Bewusstsein: Das war ein regelrechter

Blitz, den ich mit meinem nach oben gewuchteten Golfschläger angezogen hatte. Außen hatte ich ihn an meinem Körper gespürt. Er war wohl an mir entlanggelaufen und dann im Erdboden zur Entladung gelangt.

Und nun befand ich mich in diesem sonderbaren Zustand und in dieser eigenartigen Umgebung. Aber was sollte nun weiter geschehen?

Zunächst passierte überhaupt nichts. Ich existierte in diesem sehr schwachen Halbdunkel und in der unglaublichen Stille. Rufen und schreien wollte ich, aber es gelang nicht. Ich war nur irgendwie da — aber wo? — und hatte eine allmählich sich steigernde unbändige Wut. Aber auch das nutzte überhaupt nichts. Ich hatte den Eindruck, als wäre ich in einem Gefängnis — aber in einem ohne Mauern und Gitter und auch völlig ohne jeden Zwang. Als hätte ich es mir selbst so ausgesucht. Über wen sollte ich mich ärgern und aufregen. Doch nur über mich selbst!

Das war mein Zustand, und so hilflos und unklug wie jetzt hatte ich mich mein Leben lang noch nie gefühlt. Von den meisten meiner Kollegen und Bosse aus dem Vorstand dieser international renommierten, aber auch gefürchteten Bank war ich als supercleverer Finanzspezialist gehalten worden, dem nicht viele US-Banker das Wasser reichen konnten.

Dabei hatte ich zufrieden genickt und an mein Konto gedacht. Und nur dessen Guthabenstand konnte mich tatsächlich zufriedenstellen. Mich mit »unklug« zu bezeichnen wäre in diesen Kreisen niemandem eingefallen.

Nun aber befand ich mich hier in jener mehr als merkwürdigen Situation. Klug und clever kam ich mir jetzt beim besten Willen nicht vor. Eher als unbedarft und ausgesprochen hohlköpfig!

Meine Grübeleien versandeten zusehends, und ich hatte bald keinen klaren Gedanken mehr. Ich befand mich einfach in diesem sonderbar schwachen Halbdunkel. Niemand hielt mich fest, aber ich wusste auch nicht, woran ich mich orientieren sollte. Zudem hatte ich keine Zeitvorstellung. Ich war nur ganz einfach in einem höchst sonderbaren Zustand.

Irgendwann – aber ohne dass ich den Zeitpunkt schätzen könnte – erhellte sich das schwache Halbdunkel. Eine durchschimmernde Gestalt erschien vor mir. Zunächst erkannte ich niemanden konkret. Aber ich freute mich überhaupt darüber, in diesem Zustand mit jemandem reden zu können.

Auf einmal erkannte ich in dieser Gestalt eine Person, die meiner Großmutter väterlicherseits ähnelte. Tatsächlich, es war meine Grandma, die ich ganz besonders gemocht hatte. Als Kleinkind war ich sehr häufig bei ihr gewesen, weil meine Eltern im »Big Business« beschäftigt gewesen waren und wenig Zeit für mich hatten. Bei meiner Granny hatte ich mich überaus wohlgefühlt. Sie hatte alles für mich getan, und bei ihr war ich glücklich und geborgen. Aber sie war schon sehr lange tot.

»Granny, liebste Grandma, bist du es wirklich? Oh, wie schön, dich zu sehen.« So begrüßte ich sie und rief ihr – in Gedanken – meine Begeisterung voll Freude entgegen.

»Billy, mein Junge!«

»Wie geht es dir, Grandma? Geht es dir gut?«

»Mir geht es sehr gut, Billy, mein Liebling. Aber ich weiß: Dir geht es nicht so besonders. Nach dem Blitzschlag hörte nämlich dein Herz zunächst auf zu schlagen. Und du wirst noch einige Wochen im künstlichen Koma verbringen müssen, um wieder einigermaßen geheilt zu werden.«

»Granny, woher weißt du das denn alles? Du weißt ja viel mehr als ich.«

»Ich bin ja nun ein Geistmensch. Und da bin ich frei von Zeit, Raum und den Denkgrenzen auf der Erde. Deshalb weiß ich auch, wieso du an die Schwelle zur jenseitigen Existenz gekommen bist. Ebenso ist mir bekannt, wie es mit dir weitergeht.«

»Und wie geht es mit mir weiter?«

»Du bleibst noch einige Wochen im Koma. Nach einer Genesungspause kehrst du wieder nach Hause zurück. Aber du wirst eine große Angst vor Gewittern und vor der Elektrizität behalten. Doch meine ich, das ist für dich auch eher gesund.«

»Ich weiß, Grandma, als ich ein Kind war, hast du mir immer gesagt: Lichtleitungen darf man nicht anfassen. Und beim Gewitter muss man immer ins Haus kommen und alle Türen und Fenster zumachen.«

»Siehst du, das weißt du noch heute. Aber du hast dich trotzdem nicht dran gehalten.«

»Sorry, Granny, in Zukunft mache ich alles besser.«

»Wirklich alles? Dann solltest du auch dein Leben ändern. Bei deinen Geschäften hast du manche Menschen rücksichtslos und schlecht behandelt. Das war nicht gut. Du musst dich dafür einsetzen, dass betrogene Menschen entschädigt werden.«

»Das ist aber sehr schwer, Granny.«

»Bei deinem Bekanntheitsgrad fällt dir das mit Sicherheit nicht schwer. Aber du musst es auch tun.«

»Und wenn mir das nicht gelingt?«

»Es wird dir gelingen. Du musst es nur wollen. Außerdem gibt es im irdischen Leben sehr viel Not und Armut. Du hast bisher nur unter Menschen *mit Besitz und Geld gelebt. Es wäre gut, wenn du auch einen Blick hättest für Leute, denen es nicht so gut wie dir geht. Denn du hast ja genug. Aber all dein Vermögen nutzt dir gar nichts mehr, wenn du in einem Zustand wie jetzt in dieser Welt, also mit deiner irdischen Sicht im Jenseits, ankommst und bleibst.«*

Damit war meine Granny weg. Und der hellere Lichtschein nahm auch ab. Ich rief meiner Großmutter noch einige liebevolle Worte nach, aber ich erfuhr keine Reaktion mehr. Sicher wird sie als Geistmensch noch wahrgenommen haben, was ich ihr sagte. Denn sie brauchte offensichtlich keine Sinnesfunktionen mehr, um mich zu verstehen, aber auch um sich mit mir zu unterhalten. Das ganze Gespräch hatte ja ohne die irdischen Vorgänge des Sprechens und Hörens stattgefunden. Es lief nur rein geistig ab. Ich aber war über alles, was ich hier erlebt hatte, und vor allem über das Gespräch mit meiner Großmutter, nicht nur höchst erstaunt, sondern auch zutiefst berührt. Es würde mich mit Sicherheit mein – irdisches – Leben lang begleiten.

So geschah es auch. Bill Y. erwachte erst einige Wochen später aus dem Koma und erfuhr dann über die Zeit seit dem Unfall Folgendes: Da der Herzschlag durch die enorme Blitzschlagenergie zum Stillstand gekommen war, erlitt Bill Y. einen Herzstillstand, der durch die Erste-Hilfe-Maßnahmen des Mitgolfers und später der Sanitäter mühsam behoben werden konnte. Um den Heilungsprozess zu sichern, versetzten die Ärzte ihn in ein künstliches Koma, das einige Wochen dauerte.

Danach erwachte er aus seiner Bewusstlosigkeit und wurde in einer Rehabilitationsmaßnahme wieder bestmöglich für ein weitgehend »normales Leben« tauglich gemacht. Allerdings hatte er fortan eine panische Angst vor Elektrizität, Blitz und Donner.

Fortan befasste er sich mit Entschädigungsfällen aus seiner Zeit als Bankangestellter und Broker. Er konnte den Privatanlegern durch Vergleichsverfahren, aber auch als Zeuge in Gerichtsprozessen wirksam helfen, zumindest wieder zu einem Teil ihres fehlinvestierten Geldes zu gelangen. Auch wenn die früheren Bankkollegen und Bosse über Bill Y.s neues, völlig entgegengesetztes Verhalten nur mit dem Kopf schüttelten – ihm machte es nichts aus. Er war ein vollkommen anderer Mensch geworden!

Ähnlich verhielt er sich auch bei Hilfsprojekten für Menschen in Not, und zwar ganz gleich, ob in den USA, Südamerika oder Afrika und Asien.

Wer als rücksichtsloser und völlig unempfindlicher

»Mister Moneymaking« so plötzlich die Seiten wechselt, muss schon von einem tief greifenden Erlebnis verändert worden sein!

Achtjähriger in Lebensgefahr durch Hochspannung

Obwohl es ihm von seinen Eltern streng verboten worden war, sprang der achtjährige Horst T. nach Schule, Mittagessen und Hausaufgaben am liebsten auf der Baustelle seines Vaters herum, wo für die Familie ein Haus errichtet wurde. Dort brauchte man für die schweren Baumaschinen auch Starkstrom, der durch ein Kabel aus dem benachbarten Haus der Eltern des Bauherrn herangeleitet wurde. Für den Anschluss hatte man auf der Baustelle einen Sicherheitsstecker in einer besonderen Steckdose.

Durch ein tragisches Missgeschick geschah es dann, dass ein aus großer Höhe herabstürzender Baustein genau auf diese Steckdose stürzte und selbst das starke Gehäuse zerstörte. Ja, mehr noch: Besonders tragisch war dabei, dass ausgerechnet auch der Erdungskontakt vom aufstürzenden Baustein aus der Verschraubung herausgerissen wurde. Da der Stecker aber trotzdem noch in der Fassung der Steckdose festsaß, funktionierte auch die betreffende Baumaschine problemlos, sodass zunächst niemand bemerkte, dass die Steckdosenkontakte mit voller Hochspannung blank lagen.

Horst T. aber war fasziniert von den Metallkontakten der Steckdose, bückte sich und betastete einen davon.

Sofort stürzte er mit voller Wucht zu Boden. Denn der Kraftstrom durchfloss seinen Körper. Zudem klebte er buchstäblich an diesem Kraftstromkontakt fest. Der FI-Schutzschalter, der in solchen Fällen in Sekundenbruchteilen die Stromzufuhr abbricht, wurde natürlich nicht ausgelöst, da ja auch der hierzu installierte Erdungskontakt weggerissen war. Der Achtjährige fiel infolge dieser lebensgefährlichen Belastung seines Körpers sogleich in tiefe Bewusstlosigkeit.

Von diesem Vorfall und dem, was er danach erlebte, berichtete der Junge wie folgt:

Die sauberen rötlichen Drähte und eigenartigen Röhrchen hatten mich unglaublich fasziniert. Deshalb berührte ich sie voller Neugier. Kaum war ich aber darangekommen, da hatte ich ganz kurz das Gefühl, als hätte jemand mit einem riesigen Hammer auf mich eingeschlagen. Dann spürte ich überhaupt nichts mehr. Vielmehr wurde es ganz dunkel um mich.

Aber ich vermute, das dauerte nicht lange. Plötzlich sah ich meinen Leib auf dem Boden liegen. Mein rechter Zeigefinger berührte noch den blanken Draht, der so rötlich schimmerte, und schien daran richtig festzukleben. Mir kam das alles so komisch vor. Wieso konnte ich mich selbst sehen, als wäre ich ein kleines Stück von mir entfernt? Aber es war so. Ich stand tatsächlich ein bisschen neben meinem Körper, als wäre ich ein ganz anderer Junge. Was war denn nur mit mir los? Mein Leib bewegte sich überhaupt nicht. Er lag ganz einfach nur so da rum.

Ich selbst hatte jetzt keine Schmerzen. Vielmehr fühlte ich mich ganz gut. Ich spürte so etwas wie eine schöne Wärme, als steckte ich in einer warmen und molligen Decke. Und dann passierte etwas ganz Seltsames: Ich sah noch meinen Körper auf der Erde liegen. Und gleichzeitig erblickte ich auch ein sehr schönes helles Licht, wie ich es noch nie gesehen hatte. Dabei hörte ich auch leise Melodien einer sehr schönen Musik. Ich muss sagen: Das Licht und die Musik waren für mich nun viel interessanter als mein Leib da auf dem Boden.

Aber da wurde ich von dem Licht und der Musik weggerissen. Denn ich sah meinen Papa und einige

Leute vom Bau. Sie liefen unheimlich schnell herbei. Mein Papa streckte die Arme aus. Er wollte mich sicher vom Boden aufheben.

Doch da hörte ich, wie ein Mann rief: »Bleib weg da! Das ist viel zu gefährlich. Wir nehmen Gummihandschuhe und einen trockenen Balken.«

Derselbe Mann holte dann solche Handschuhe und einen Balken. Die Handschuhe zog er an und stieß mit dem Balken oft gegen meinen Körper, bis er ihn von den rötlichen Drähten weggedrückt hatte.

Mein Papa legte mich dann auf den Rücken und presste beide Hände auf meine Brust und drückte darauf. Danach presste er seinen Mund auf meine Lippen und pustete in mich hinein. Dann sah ich auch, wie der Bauarbeiter – also der mit dem Balken – von seinem Gürtel ein Handy wegnahm und telefonierte. Wieder dauerte es eine Zeit lang, und ich hörte eine Sirene wie von der Polizei. Aber es war nicht die Polizei, sondern es war ein rot gestreiftes gelbliches Auto. Da stiegen zwei Männer aus. Einer machte das weiter, was mein Papa angefangen hatte. Dann gab er mir auch eine Spritze. Aber das tat überhaupt nicht weh.

Dann sah ich noch, wie sich die Brust meines Körpers etwas bewegte. Und ich wachte auf wie aus einem ganz schlimmen Traum.

Versucht man, diese Vision in verschiedenen Einzelheiten zu erklären, stellt sich wieder die Frage nach einem möglichen Traum. Diese Frage ist ziemlich sicher zu verneinen. Denn dieser Junge wurde von der auf ihn einwirkenden Hochspannung in einen extremen körperlichen Belastungszustand versetzt, der einen natürlichen Schlaf ausschließt.

Aber es kommt noch eine andere plausible Überlegung hinzu: Traumbilder zeigen dem Träumenden nur selten sich selbst gleichsam als Spiegelbild. Vielmehr erlebt er sich wie im Wachbewusstsein als ganz normalen Erlebnis- oder Gesprächspartner mit anderen Menschen. Seinen Körper beziehungsweise seine Person als ausschließlichen Blickgegenstand oder Erlebnisinhalt wie etwa auf einem Foto nimmt er erfahrungsgemäß nur höchst selten wahr. Dieser achtjährige Junge aber berichtete ganz dezidiert von einem solchen optischen Eindruck, also der visuellen Wahrnehmung seiner selbst. Auch alle Einzelheiten, die er beschrieb, deckten sich mit der Wirklichkeit.

Ein Tod um Haaresbreite –
Der geplatzte Autoreifen

Prof. Dr. Michael M. war erfolgreicher Chirurg an einer Universitätsklinik in Norddeutschland. Stets um den neuesten Stand der OP-Technik bemüht, praktizierte er die ersten Anläufe der sogenannten »Fast-Track-Operation«. Diese Abkehr von den herkömmlichen Abläufen mit tage- oder stundenlangen Vorbereitungen für chirurgische Eingriffe und die Zuwendung zu möglichst raschen Operationen (wobei die Patienten so schnell wie möglich operiert werden, sich bald wieder bewegen sollen, auch ziemlich frühzeitig wieder essen und auch aus dem Krankenhaus entlassen werden können) stieß bei den Behandelten zwar auf große Begeisterung. Bei seinen Kollegen – zumindest im engeren Umfeld –, aber auch bei der Geschäftsführung hielt sich die Begeisterung jedoch in recht engen Grenzen. Vielmehr wurde Prof. Dr. Michael M. sehr stark angefeindet. Ja, es gab sogar Vorwürfe bis hin zu der Unterstellung ärztlicher Behandlungsfehler.

Auf der anderen Seite sprach sich Professor M.s neue Methode natürlich sehr bald in Fachkreisen herum und machte ihn äußerst rasch über die Landesgrenzen hinaus bekannt.

So blieb es nicht aus, dass er sehr viele Angebote zu Vorträgen und erklärenden Lehrvorführungen erhielt. Die nahm er mit Begeisterung an. Denn einerseits ging es ihm um die Einführung dieser neuen Operationsmethode und andererseits auch ein bisschen um die Ehre. Vielleicht ließe sich ja bei dieser Gelegenheit auch ein verlockender Ruf auf eine andere Professorenstelle vernehmen. Denn damit würde er sich seinen bisherigen missgünstigen Kollegen entziehen.

So war Michael M. eines Tages wieder unterwegs, und zwar diesmal nach Süddeutschland. Dort hatte man in Fachzeitschriften von dieser »neuen Chirurgie« einiges gelesen. Nun wollte man auch Näheres aus der Praxis dazu hören.

Wie immer hatte er es eilig. Und ausgerechnet auf den gefährlichen Gefällstrecken im Süden Deutschlands geschah es: Er fuhr auf der linken Außenspur einer Autobahn. Gerade in einer Rechtskurve platzte der linke Vorderreifen. Der Pkw raste mit voller Wucht in die mittlere Leitplanke. Das Auto überschlug sich und blieb schließlich auf dem Dach liegen.

Der Mediziner musste mit einer Rettungsschere aus dem Wrack befreit werden und wurde umgehend mit einem Hubschrauber in ein nahegelegenes Krankenhaus geflogen und dort operiert. Die stationäre Behandlung dauerte mehrere Wochen.

Von dem Unfall und der Zeit seiner Bewusstlosigkeit gab er folgenden Bericht:

Ich sah nur noch die Leitplanke auf mich zurasen, obwohl es ja in Wirklichkeit genau umgekehrt war. Zuvor war vorn links mein Auto irgendwie nach unten gesackt – aber in voller Wucht. Dann gab es einen riesigen Rumms und einen Knall. Den gewaltigen Ruck sowie den Schlag spürte ich noch, auch wenn ich angeschnallt war. Ich muss gestehen – mein Auto war nicht mehr das neueste. Vielleicht hätte ich mich etwas mehr auch um die Technik meines Fahrzeugs bemühen sollen. Aber die moderne Medizin interessierte mich eben weitaus mehr.

Bei diesem riesigen Aufprall schlug mein Kopf irgendwie nach vorn und muss wohl gegen das Armaturenbrett geschleudert sein.

Dann wurde es zunächst dunkel um mich. Doch nach vermutlich kurzer Zeit sah ich mich an der Unfallstelle. Ich erblickte mein völlig zerstörtes Auto und andere Fahrer, die offenbar alle helfen wollten. In den Wagentrümmern sah ich meinen Körper, aber in einem furchtbaren und schrecklichen Zustand. Es dauerte auch nicht lange, da rasten mit Blaulicht und

Sirenen Fahrzeuge der Polizei und der Feuerwehr heran. Die Polizei sperrte die Fahrspuren ab, und zwar auf beiden Seiten der mittleren Leitplanke. Mein Wagen war nämlich auf der jenseitigen Autobahnhälfte gelandet.

Rettungsleute schnitten dann das zertrümmerte Auto mit kräftigen Scheren auf und zogen meinen entsetzlich zugerichteten Leib – oder das, was noch von ihm übrig war – aus den Trümmern heraus und legten ihn auf eine Trage. Da sah ich auch einen inzwischen eingeflogenen Hubschrauber. Dort hinein trug man dann die Trage mit meinem schrecklich geschädigten Körper.

Und nun geschah das Eigenartige, was ich selbst als allem offen gegenüberstehender Arzt nicht für möglich gehalten hätte: Ich wollte ja wissen, was nun weiter mit meinem Körper geschehen würde. Und im gleichen Moment, in dem ich das wünschte, passierte es auch: Ich blieb bei meinem Leib. Und noch viel seltsamer: Der Hubschrauber konnte mir gar nicht entkommen. Ich blieb bei ihm – ja, mehr noch: Nicht nur von außen war ich bei dem Fluggerät, sondern sogar in ihm drin. Ich begleitete meinen armseligen Leib in unmittelbarer Nähe. Zwar behielt ich Abstand von ihm, aber ich befand mich bei ihm, und zwar so, als würde ich über ihm oder neben ihm schweben.

*Sie brachten mich in ein Krankenhaus in der Nähe
und dort sogleich in den Operationssaal. Während
sich verschiedene Medizinerkollegen um den Leib
kümmerten, befand ich mich über ihnen und auch
oberhalb meines übel zugerichteten Körpers. Mich
interessierte es außerordentlich, wie sie operierten.
Denn das war ja meine Profession. Doch ich erkannte sehr bald, dass die Kollegen wie in früheren Zeiten
arbeiteten.*

*Und nun geschah etwas höchst Eigenartiges: Ich
sah nicht mehr meinen Leib mit den Medizinern
im Operationssaal, sondern erblickte eine zunächst
dunkle Umgebung. Sie war aber völlig anders als
die erste Dunkelheit nach dem Unfall. Es handelte
sich um eine mehr und mehr »aktive und irgendwie
bewegte Dämmerung«. Aber es dauerte nicht besonders lange, da erhellte sich diese obskure Umgebung.
Sie erhellte sich allmählich, je mehr sich eine eigenartige Lichtgestalt näherte. Sie schien in gewisser
Weise durchscheinend, also ohne stofflichen Körper
zu sein. Aber das mehr und mehr aufstrahlende Licht
leuchtete in solch einer großen Fülle, dass Äußerlich-
keiten überhaupt keine Bedeutung mehr hatten.*

*Zugleich fühlte ich mich in einer ausgesprochenen
Leichtigkeit und in einem Wohlgefühl, wie ich es
in meinem ganzen Leben noch nie wahrgenommen*

hatte. Irgendwie wurde es mir bewusster, dass ich mich nach dem Unfall in einem anderen Zustand befand: Zuerst das Abgehobensein von meinem zutiefst geschädigten Körper und dann dieses großartige Glücksgefühl, als würde ich mich in einer völlig anderen Welt befinden. Je länger ich darüber nachdachte, umso mehr verstärkten sich mein Empfinden und mein Gefühl, in diesem neuen Zustand leben zu wollen.

Zwar war ich begeistert davon, dass man mich als wichtigen modernen Wissenschaftler in vielen Kliniken anhören und die neue Operationspraxis auch nach Möglichkeit umsetzen wollte. Ich galt bei ihnen als eine Art Pionier, aber sicher würden mich auch viele andere Mediziner ablehnen.

Hier jedoch – in diesem neuen Zustand und offenbar in dieser anderen Welt – fühlte ich mich so richtig geborgen, also ohne mögliches Gezänk und ohne eventuelle Eifersüchteleien.

Trotz meines Bekanntheitsgrads, meiner Aktivität und aller erfahrenen Ehren wünschte ich mir ein neues Leben im jetzigen Zustand. Hier fühlte ich mich vollkommen wohl und geborgen. Warum sollte ich in mein anderes Leben zurückkehren? Dort gab es so viel Ärger, Zank, Streit und Gehässigkeiten. Ich hatte doch den Ärzten und vor allem den Chirurgen beigebracht, wie man besser, schneller und mit weniger Aufwand und Schmerzen Menschen heilen konnte. Also meinte ich, für die Welt der Mediziner und Patienten genug getan zu haben. Das musste doch genügen. So dachte ich; doch da wurde das Licht um diese eigenartige Gestalt, die ich zunächst gesehen hatte, immer heller.

Schließlich sprach sie mich an: »Sie haben offenbar den Wunsch hierzubleiben.«

Jetzt war ich aber völlig überrascht. Denn diese Lichtgestalt wusste ja um meine geheimsten Wünsche.

»Ja, den habe ich. Ist das denn möglich?«

»Das können Sie selbst überlegen und entscheiden.«

»Ja, tatsächlich? Oh, das wäre aber schön.«

»Dabei sollten Sie aber bedenken, dass es sehr viele Menschen gibt, die Ihre Hilfe unbedingt brauchen.«

»Aber ich habe doch bereits vielen Ärzten mitgeteilt, wie man besser operiert.«

»Denken Sie denn, dass das schon genügt?«

»Vielleicht noch nicht so ganz.«

Jetzt hatte ich regelrecht ein Gefühl wie ein Schulkind, das beim Mogeln oder Schwindeln ertappt wurde.

»Was halten **Sie** denn für den besten Weg?«, fragte mich deshalb die Gestalt.

»Natürlich wäre es besser, wenn die neue Operationstechnik noch mehr bekannt gemacht werden würde«, ließ ich mich vernehmen.

»Und wer sollte das tun, wenn Sie es nicht tun möchten?«

»Aber ich würde so gern hierbleiben. Hier fühle ich mich geborgen, denn hier gibt es auch keinen Streit.«

»Streitereien können Sie auf der Erde nun mal nicht entgehen. Aber Sie werden das sehr gut überstehen.«

»Soll ich also wieder zurückkehren? Kann ich denn irgendwann wieder hierherkommen?«

»Es ist gut, wenn Sie in Ihr früheres Leben zurückkehren und dort auch sinnvoll weiterarbeiten. Und hierher werden Sie nach Ihrem Leben auf der Erde sehr wohl zurückkommen.«

Die Lichtgestalt mit dem hellen Glanz schien mir aufmunternd zuzunicken. Und damit war sie auch verschwunden. Um mich herum wurde es immer dunkler, bis ich schließlich auf der Intensivstation aufwachte.

Hier verspürte ich zunächst leicht gedämpfte Schmerzen. Denn mein Körper hing an einer Menge

von Infusionsschläuchen, die der Schmerzlinderung,
aber natürlich auch der Heilung dienten.

Nun war ich nicht mehr von meinem Leib getrennt.
Auch wenn ich selbst Arzt war, kam es mir höchst ei-
genartig vor, dass ich während des Getrenntseins von
meinem Körper ein völlig anderes Zustandsbewusst-
sein hatte als jetzt, wo mein Geist wieder mit meinem
Leib irgendwie eine gemeinsame Einheit bildete.

In der rein geistigen Existenz — in meiner zeitwei-
ligen Bewusstlosigkeit — hatte ich mich völlig anders
gefühlt. Nun empfand ich wieder die Verbundenheit
mit meinem Körper, die ich selbstverständlich akzep-
tierte und die für das Leben in der diesseitigen Wirk-
lichkeit wichtig und richtig ist.

Meine Kollegen in diesem Krankenhaus taten alles
Erdenkliche, um mich gesunden zu lassen und aus-
zukurieren, sodass ich nach einigen Wochen wieder
geheilt war und entlassen werden konnte.

Prof. Dr. Michael M. zeigte fortan eine ganz besondere Wirk- und Arbeitskraft: Er operierte in intensivster
Weise nach dem Kurzverfahren der Chirurgie, wo
auch immer dies möglich und sinnvoll war. Andererseits war er auch geradezu leidenschaftlich darum
bemüht, seine neuesten medizinischen Erkenntnisse
weiterzugeben und zu verbreiten.

Er wechselte zwar an eine andere Universitätsklinik, allerdings nicht mehr um der sogenannten Ehre wegen, sondern aus Gründen der besseren medizinischen Möglichkeiten.

Michael M. lebte nach jenem Unfall besonders einfach und bescheiden. Auf äußere Ehrerweisungen, die ihm sehr oft angetragen wurden, verzichtete er. Ihm ging es erstrangig um bestmögliche ärztliche Hilfeleistung und um die Vermittlung seines Wissens, damit auch andere Mediziner – Ärzte, Forscher und spezielle Hochschullehrer – in der Heilkunst besonders wirksam helfen konnten.

Michael M. ist vollkommen sicher, dass seine Erfahrung kein Traum war. Diese Annahme unterstützt auch sein detaillierter Bericht über das Nahtoderlebnis, in dem er exakt alle Einzelheiten schildert, und zwar zunächst über den Ablauf nach dem Unfall und dadurch mit völlig diesseitig-realistischem Bezug. Anschließend geht der Bericht weiter mit seinem Erlebnis an der Grenze zur jenseitigen Existenz. Er schildert beide Phänomene in einer derartigen Genauigkeit, wie sie Traumbilder erfahrungsgemäß eher selten aufweisen, außerdem sind diese in der Regel kurzzeitiger.

Die unübersehbare Sachlichkeit des Berichts vor allem mit diesseitigem Bezug schließt auch die Annahme eventueller seelischer Störungen aus: Die Darstellungen sind schlüssig und folgerichtig, und ihre Abfolge zeigen eine eindeutige Logik. Hinzu kommt, dass der Patient auch als hochqualifizierter Arzt durchgängig seine eigene Situation genau und eingängig überdenkt und dies auch in seinem Bericht wiedergibt.

Dasselbe gilt für seinen Dialog mit dem Lichtwesen an der Grenze zur jenseitigen Welt, vor allem auch angesichts seines ursprünglichen Widerstrebens gegen die Rückkehr zum Diesseits, die er dann aber wegen der vorgebrachten plausiblen Gründe akzeptiert.

Krebs, Herzstillstand, Rückkehr, Lebensende

Georg M. war wie vor den Kopf geschlagen, als ihm der Urologe nach der unmittelbaren, aber auch später nach der Blutuntersuchung mitteilte, er habe eine starke Wucherung an der Prostata, also eine typische Männerkrankheit, wie der Arzt etwas beschönigend zu beruhigen versuchte.

Georg M. hatte sich mit Vorsorgeuntersuchungen bisher immer etwas zurückgehalten. Doch nach Antritt seines Ruhestands mit fünfundsechzig Jahren hielt er es doch irgendwann einmal für angebracht, sich auch in einem Bereich untersuchen zu lassen, den er bisher immer etwas verschämt ausgeklammert hatte.

Stets hatte er als Angestellter einer florierenden Firma mit besonders vielen Aufgaben wenigstens für sich selbst alle seine Termine als Ausrede benutzt, um nicht zum Arzt gehen zu müssen. Außerdem war er Junggeselle, also gab es auch keine Familie, die ihn sicher zur Vorsorgeuntersuchung gedrängt hätte.

Für ihn war die Mitteilung des Arztes schrecklich. Denn nun hatte er eine sehr gute Rente und Zeit. Doch da stürzte diese Hiobsbotschaft auf ihn ein. Aber vielleicht gab es ja noch Hoffnung!

»Und was meinen Sie, Herr Doktor? Das müsste doch durch eine Operation zu beheben sein, oder?«

»Ja, sicher, Herr M., aber es ist höchste Eile geboten.«

»Ist es denn schlimm oder harmlos?«

»Herr M., beruhigen Sie sich. Eine Operation wird das Problem beseitigen. Ich empfehle Ihnen dazu die Urologie im Stadtkrankenhaus. Die können Sie mit Lasertechnik operieren.«

Harmlos war Georg M.s Wucherung allerdings keineswegs, sondern sie war bösartig. Aber das sagte ihm niemand, um ihn nicht in Panik zu versetzen. Er blieb im Unklaren über seinen Gesundheitszustand.

Nach intensiven Bemühungen – auch des Urologen – erhielt er einen Termin im Krankenhaus. Allerdings schied in seinem Fall die Operation mit Hilfe der Lasertechnik aus. Denn dazu sei die Wucherung zu groß, zu ungünstig und zu problematisch. Also wurde Georg M. auf herkömmliche Weise operiert. Nach dem Eingriff hatte er Schmerzen und musste alle ungünstigen Folgen einer solchen Maßnahme erleiden.

Damit war das erhoffte Leben im wohlverdienten Ruhestand zu Ende, noch bevor es richtig angefangen hatte. Aber zunächst teilte ihm noch niemand mit, dass er schwer krebskrank war, und zwar im fortgeschrittenen Stadium. Denn außer den zurückhaltenden Ärzten hatte er ja niemanden, der ihm – wenn auch in schonendster Weise – zumindest indirekt einen Einblick in seinen tatsächlichen Gesundheitszustand vermittelt hätte.

Bald darauf wurde er nach Hause entlassen. Und hier zeigten sich alle Beschwernisse seines Leidens, ohne dass er genau unterrichtet war. Er vermutete nur Schlimmes und führte ein äußerst zurückgezogenes und bedauernswertes Leben.

Die regelmäßig angesetzten Nachuntersuchungen brachten kaum etwas Erfreuliches. Vielmehr wurden neue Wucherungen entdeckt. Sie sollten und mussten auch baldmöglichst entfernt werden. Aber noch immer hielt der überwachende Urologe – wohl aus Rücksicht auf den angeschlagenen Gesundheitszustand Georg M.s – den tatsächlichen Befund für sich, beruhigte den Rentner und ließ durchblicken, dass bald eine ergänzende Operation erforderlich sei.

»Geht es denn diesmal mit Lasertechnik?«

»Nun mal ruhig Blut, Herr M. Laser empfiehlt sich nicht, aber die moderne Chirurgie leistet ja Enormes.«

»Gut, Herr Doktor, wenn Sie meinen«, ließ sich der geduldige Herr M. vernehmen.

»So nette und liebenswürdige Patienten wie Sie wünschen wir Ärzte uns öfter.«

Mit diesen freundlichen Worten verabschiedete der Facharzt Georg M. Dabei ergänzte er nur noch beiläufig, die Operation finde in zwei Wochen statt. Dann sei er ja sicher wieder fit für einen neuen Eingriff.

Nur war Georg M. nach der sehr schweren ersten Operation und in seiner äußerst belastenden emotionalen Verfassung alles andere als disponiert für einen neuen, nicht minder schweren und gefährlichen Eingriff. Aber es sollte und musste sein! Würde man nämlich nicht oder erst wesentlich später operieren, dann könnte niemand eine auch nur noch so geringe

Aussicht auf Heilung garantieren. Oder wenigstens auf Linderung seiner Beschwerden.

Sicher befinden sich Ärzte in solchen Situationen immer auf einer Gratwanderung und sind ständig in einem Dilemma: Unternehmen sie nichts oder zu wenig, dann wird ihnen möglicherweise unterlassene Hilfeleistung vorgeworfen. Greifen sie aber – eventuell vorzeitig – ein, so beschuldigt man sie eventuell eines ärztlichen Kunstfehlers oder der Nichtbeachtung des Gesundheitszustandes ihres Patienten. Sollen sie optimistische Prognosen stellen, um die Selbstheilungskräfte des Betroffenen zu unterstützen, oder schonungslos offen sein und riskieren, dass er schwarzsieht und jegliche die Heilung fördernde Hoffnung fahren lässt?

Aber es gibt auch eine ganz besondere Situation eines Krankheitsfalls, nämlich wenn er den medizinischen Forscherdrang erregt. So war es wohl auch hier: Georg M. schien zu einer Art »Versuchskaninchen« zu werden.

Wegen seines stark beeinträchtigten Gesundheitszustands und dennoch erfolgter Operation kam es bei diesem Patienten schon im Anfangsstadium des Eingriffs zum Herzstillstand.

Georg M. fasste seine Erlebnisse aus dieser Zeit in folgendem Bericht zusammen:

Zwar gab ich mich als den geduldigen Kranken. Aber ich war gegenüber den Ärzten in mancher Beziehung ziemlich kritisch eingestellt. Doch was sollte ich machen? Ich hatte auch keine direkten Angehörigen, höchstens ein paar Verwandte »um einige Ecken herum«. Doch die hatten mit sich selbst genug zu tun. Also machte ich, ohne Rücksprache mit irgendwelchen Familienmitgliedern zu halten, all das mit, was die Ärzte verlangten. Somit lag ich nach wenigen Wochen schon wieder auf dem Operationstisch.

Zunächst schien alles gutzugehen. Ich dämmerte in eine Art wohltuenden Schlaf. Doch nach einer Weile muss ich in einen wohl noch tieferen Schlaf versunken sein. Und dann wurde meine Bewusstlosigkeit ganz eigenartig: Ich sah mich auf einmal selbst im Operationssaal. Die Ärzte mit den grünen Kitteln schienen ganz aufgeregt zu sein. Einer von ihnen presste zwei sonderbare plattenähnliche Geräte auf meine Brust, nahm sie wieder weg und wuchtete sie erneut auf meinen Oberkörper. Mein Leib jagte auf dem Operationstisch nach oben. Und dieser Mediziner mit den Platten gab gar keine Ruhe. Schließlich machte er auch eine Mund-zu-Mund-Beatmung. Davon hatte ich bisher nur gehört oder gelesen, und nun erlebte ich sie selbst. Aber ich spürte überhaupt nichts davon. Ich bekam alles nur durch Beobachtung von meiner übergeordneten Warte aus mit.

Zwar erlebte ich das alles irgendwie aus ganz weiter Entfernung. Ich wusste auch, dass es sich dabei um meinen Körper handelte. Aber es berührte mich nur so, als wäre ich mir fremd.

Und da geschah auf einmal etwas ganz Eigenartiges: Ich entschwand aus dem Operationssaal und dämmerte in eine Art Nebel hinein, der sich aber unglaublich schnell lichtete. Es wurde hell und immer heller. Auf einmal sah ich eine fremde Gestalt auf mich zukommen. Sie war in gewisser Weise durchscheinend. Doch das immer stärker werdende Licht, das viel heller war, als man es vom irdischen Leben her kennt, aber trotzdem nicht blendet, umleuchtete diese Gestalt.

Und nun erkannte ich sie: Es war meine vor über zwanzig Jahren verstorbene Mutter. Sie war eine herzensgute Frau gewesen, die schon sehr früh ihren Mann, meinen Vater, verloren, eine nur ganz geringfügige Rente bekommen hatte und zu ihrem und meinem Unterhalt einen sehr harten Beruf am Fließband ausüben musste. Als sie dann endlich eine halbwegs vernünftige Rente erhielt, erlag sie bald darauf einem Krebsleiden.

»Mutti«, redete ich sie erstaunt an, ohne wirklich

zu sprechen, wie wir es kennen. Es geschah irgendwie automatisch. »Woher kommst *du* denn?«

»Von der anderen Seite, aus dem Jenseits. Von dort komme ich her.«

»Und geht es dir gut?«

»Mir geht es sogar sehr gut – wie niemals im früheren Leben. Nur dich, mein Schorschi, dich habe ich vermisst. Und nun bin ich ganz besonders glücklich, dich wiederzusehen. Wenn auch nur für kurze Zeit.«

»Warum denn nur für kurze Zeit?«

»Ganz einfach. Du kehrst zurück.«

»Und warum? Ich würde am liebsten bei dir bleiben.«

»Das ist jetzt nicht möglich. Denn deine Zeit ist ja noch nicht gekommen.«

»Und wann wird die gekommen sein? Ich frage nur für den Fall, dass du dies vielleicht weißt.«

»Ja, ich weiß es. Als rein geistiger Mensch sehe ich auch, was später geschieht: Nun, die jetzige Operation wirst du überstehen. Die Ärzte werden dich wiederbeleben. Denn du hast noch einen Herzstillstand. Für diese Operation warst du zu schwach. Um deine Gesundheit steht es leider nicht zum Besten. Die Ärzte mussten dich wegen deiner Krankheit bald operieren. Aber sie können nicht für lange Zeit helfen.«

»Wenn du so in die Zukunft schaust, dann sag mir bitte: Wie lange hab ich noch?«

»Mein Junge, ich rede nicht drum herum! Du hast die Krankheit, wenn auch etwas anders, an der ich ebenfalls gestorben bin.«

»Also Krebs! Und mit einem schönen Leben als Rentner ist dann wohl nichts mehr, oder?«

»Mein lieber Junge, mein Schorschi, die Rente ist nicht alles. Das weißt du aus meinem Leben. Und auch aus dem Leben deines Vaters. Er ist ebenfalls hier. Ihm geht es auch gut. Du wirst dich nicht lange an deiner Rente erfreuen. Aber das ist aus unserer Sicht auch gar nicht wichtig.«

»Wie sieht denn meine Zukunft nun tatsächlich aus?«

»Schorschi, mein Liebling. Du hast nur noch ein paar Jahre. Aber sei wie bisher ein guter Mensch. Und das wirst du sein. Dann kommst du zu uns. Hier tut dir nichts mehr weh. Dann brauchst du auch keine Operation mehr. Und auch keine Rente.«

Mit diesen Worten war meine Mutter verschwunden. Es wurde wesentlich dunkler, zuletzt ganz finster. Ich muss wohl wieder in der Bewusstlosigkeit der Narkose versunken sein, bis ich schließlich — mit Sicherheit viel später — auf der Intensivstation des Stadtkrankenhauses erwachte.

Zunächst verspürte ich die leicht gedämpften Schmerzen im Unterbauchbereich, und weiter sah ich die vielen Infusionsschläuche und -flaschen an meinem Bett. Ich war über meinen Zustand hier in der Intensivstation gar nicht begeistert. Aber ich erinnerte mich an das wunderschöne Gespräch mit meiner Mutter, dachte an ihr Schicksal und daran, dass sie glücklich war. Irgendwann würde ich ebenso glücklich sein. Davon war ich nun vollkommen überzeugt.

Die Ärzte untersuchten mich regelmäßig, sie waren freundlich und überaus hilfsbereit. Irgendwann fragte ich meinen für die Hauptbehandlung zuständigen Oberarzt nach meinem eigentlichen Zustand: »Herr Doktor, welches Leiden habe ich denn nun wirklich?«

»Ja, Herr M., das lässt sich nicht so einfach sagen.«

»Aber Sie müssen doch wissen, was ich habe.«

»Ja, natürlich wissen wir das.«

»Na und? Raus damit.«

»Aber Herr M., wir wissen ja nicht, ob Sie das jetzt schon verkraften können. Und im Übrigen hat sich der Herr Professor selbst vorbehalten, Ihnen das zu dem Zeitpunkt zu sagen, zu dem er es für richtig hält.«

»Und wenn ich Ihnen nun sage, dass ich es schon weiß?«

»Aber woher wollen Sie das denn nun wissen?«

»Von meiner Mutter.«

»Von Ihrer Mutter? Woher sollte sie das denn wissen? Diese Dame hat Sie doch noch nicht besucht, jedenfalls nicht, dass ich wüsste.«

»Das können Sie auch nicht wissen. Sie hat mich aber dennoch besucht. Übrigens ist sie schon seit rund zwanzig Jahren tot.«

Trotz meines furchtbaren Gesundheitszustands amüsierte ich mich unglaublich über das verdutzte Gesicht des Oberarztes. Als er sich wieder gefasst hatte, schaute er mich mitleidig und traurig an. Dann fragte er mich, wie man wohl ein Kind fragt, das angeblich ein unmittelbar bevorstehendes Naturwunder oder einen riesigen Lottogewinn ankündigt: »Was hat Ihnen denn Ihre verstorbene Mutter mitgeteilt?«

»Dass ich Prostatakrebs habe, und zwar im fortgeschrittenen Stadium.«

Das Gesicht des Oberarztes war nun nicht mehr mitleidig und traurig, sondern entsetzt. Er murmelte mit halblauter Stimme nur noch etwas von »dem Professor sagen« …

Damit war er weg. Es dauerte aber nicht lange, da kam der Herr Professor höchstpersönlich. Eigentlich für mich ein höchst seltener Anblick. Doch der Chef war da.

»Sagen Sie mal, Herr – äh – M. Woher kennen Sie denn die genaue Diagnose Ihrer Krankheit?«

»Von meiner Mutter.«

»Aber Herr M., nun wollen wir doch mal die Kirche im Dorf lassen. Ihre Mutter lebt schon lange nicht mehr. Wer hat Ihnen denn Ihren exakten Gesundheitszustand tatsächlich mitgeteilt? Etwa der Oberarzt, ein Assistenzarzt oder gar eine Krankenschwester? Nun mal heraus mit der Sprache!«

»Meine Mutter.«

»Sagen Sie mal, Sie sind doch ein vernünftiger Mensch. Was soll das denn mit Ihrer toten Mutter. Das ist doch alles Unsinn.«

»Nein, nein, das stimmt. Davon weiche ich keinen Millimeter ab.«

»Nun gut, Herr M., wie Sie wollen. Dann sage ich Ihnen eben: Ja, Sie haben tatsächlich Prostatakrebs im fortgeschrittenen Stadium. Doch seien Sie versichert, wir werden Ihnen helfen, so gut wir können.«

»Aber sehr viel können Sie nicht mehr für mich tun. Wenn mein Leiden Ihnen aber irgendwie helfen sollte, zur Heilung oder Linderung für andere Leidende noch etwas zu lernen, dann stehe ich Ihnen selbstverständlich gern zur Verfügung.«

Die Miene des Professors übertraf an Ratlosigkeit und Verdutztheit noch bei weitem das Gesicht des

Oberarztes. Zu Beginn des Gesprächs mit mir hatte sich der Chefarzt leicht jovial und teilweise auch verärgert gezeigt. Davon war nun keine Spur mehr vorhanden. Auch die süffisanten Bemerkungen über meine Mutter wiederholte er nun nicht mehr. Er murmelte seinem Oberarzt irgendetwas zu, er möge den Abschluss des Gesprächs übernehmen, und verließ mein Krankenbett.

Ich wurde nach gut einer Woche aus dem Stadtkrankenhaus entlassen und in die Obhut meines Hausarztes – ersatzweise eines örtlichen Urologen – überstellt. Geduldig nahm ich die negativen Begleiterscheinungen – wie Katheter und so weiter – hin wie auch die vielen Sonderuntersuchungen mit den unangenehmen Entnahmen von Gewebeproben und Ähnlichem. Dabei hatte ich immer die Hoffnung, dass ich auf diese Weise vielleicht anderen vergleichbar Kranken einen Gefallen tun könnte.

Auch der Gedanke an meinen ziemlich knappen Rest des Lebens machte mir keine Sorgen mehr. Nach dem Erlebnis am Rand zu dieser anderen Existenz und dem wunderbaren Gespräch mit meiner Mutter hatte ich keine Angst mehr vor dem Ende hier »auf dieser buckligen Erde«, wie man in meiner Heimat sagt.

Georg M. lebte mit all seinen ernsthaften Beschwerden immerhin noch etwas mehr als zwei Jahre. Seinen Bericht hatte er kurze Zeit nach dem Nahtoderlebnis stichpunktartig, aber dennoch hinreichend ausführlich vermittelt. Das Ende seines irdischen Daseins war für ihn eine große Erlösung.

Vor dem Tod hatte er überhaupt keine Angst. Anderen Sterbenskranken in seinem Umfeld redete er Mut zu und nahm auch manchen von ihnen die Furcht vor dem Abschied.

Georg M. ereilte im Prinzip ein ähnliches Schicksal wie seine Mutter. Das wird genetisch bedingt sein. Gerade bei Variationen der Krebskrankheit gibt es hierzu viele Erfahrungswerte. Zugleich zeigen sich ebenso bei beiden Persönlichkeiten eine bemerkenswerte Geduld und Leidensfähigkeit. Bei sehr vielen anderen Krebskranken machen sich entweder große Wut und Verzweiflung breit oder eine tiefe Abgestumpftheit. Das ist nachvollziehbar und zu bedauern, hilft uns aber in Wirklichkeit nicht weiter. Es verbittert uns höchstens für die noch verbleibende Lebenszeit.

Herzstillstand bei der Entbindung

Karin D., seit drei Jahren verheiratet, erwartete ihr erstes Kind. Alle Voruntersuchungen waren gut ausgefallen, der errechnete Geburtstermin stand bald bevor, und Komplikationen waren offenbar nicht zu erwarten. Das Kinderzimmer war vorbereitet, die Hebamme wusste Bescheid, und der Ehemann hatte für die Zeit um den Geburtstermin Urlaub beantragt, der auch schon bewilligt worden war. Karin D. wollte zu Hause entbinden, auch wenn ihr Frauenarzt eine Geburt im Krankenhaus als besser vorgeschlagen hatte. Frau D. aber bestand auf der Hausgeburt.

Doch es kam alles ganz anders als geplant: Plötzlich setzten die Wehen vorzeitig, und zwar in einer Heftigkeit ein, dass die Schwangere mit letzter Kraft einen Rettungswagen alarmierte. Der Ehemann war an diesem Tag auch noch wie üblich zur Arbeit gefahren, die Hebamme konnte nicht erreicht werden, und eine spezielle Klinik war auch nicht vorgesehen, weil die Schwangere ja daheim entbinden wollte.

Die Rettungssanitäter fuhren Karin D. ins Krankenhaus. Man brachte sie direkt in den Operationssaal, wo sogleich alles für eine Kaiserschnittgeburt vorbereitet wurde. Während des Eingriffs sahen die

Ärzte auf dem Monitor, dass die Herztätigkeit aus-
setzte und der Blutdruck absank.

Karin D. berichtete von dieser Zeit:

*Ich fühlte mich schreckenselend. Meine gute Stim-
mung und meine Freude auf das Kind waren natürlich völlig dahin. Mir wurde es dunkel vor Augen.
Aber bald darauf sah ich meinen Körper auf dem
Operationstisch, während ich wie eine Beobachterin
oberhalb dieses Tisches und der darum herum täti-
gen Ärzte schwebte. Ich war von meinem Leib völlig
losgelöst und befand mich irgendwie an der Decke
dieses Saals und schaute nach unten.*

*Dabei sah ich, wie die Ärzte sehr hektisch und
nervös wirkten. Sie schienen Wiederbelebungsversu-
che an meinem Körper zu machen. Ich konnte nicht
erkennen, warum das denn nötig war. Aber ich hatte
Vertrauen zu den Ärzten. Sie würden all das tun, was
erforderlich war. Bald darauf sah ich, wie sie ein Kind
aus meinem Bauch herauszogen — unser Baby!*

*Natürlich interessierte es mich, was denn mit dem
Baby passierte. Ich sah, wie eine weibliche Person —
wohl eine Krankenschwester oder Hebamme — mein
Kind mit einem Klaps zum Schreien und damit zum
eigenständigen Atmen brachte, sein Gesicht vom
Schleim reinigte, es in ein Tuch hüllte und wegbrach-*

te. Weil ich mich auch weiter für mein Kind interessierte, merkte ich, dass ich ihm hinterherschweben konnte. Ich sah, dass mit ihm ganz professionell all das gemacht wurde, was mir der Frauenarzt und die Hebamme übereinstimmend vorweggesagt hatten. Das beruhigte mich ungemein.

Und nun schaute ich mir auch das Kind an. Es war ein kräftiger Junge mit einem leichten Haarflaum auf seinem Köpfchen. Und schreien konnte er auch schon ganz heftig. Nachdem das kleine Kerlchen versorgt worden war, wurde es in ein Babybettchen gelegt, wo es auch bald einschlummerte. Mit seinem rosigen Gesichtchen sah es überaus süß aus. Es hatte ja auch keinerlei Strapazen erlebt, wie es bei der natürlichen Geburt doch der Fall gewesen wäre.

Ich war glücklich darüber, dass alles trotz des ursprünglich schlimmen Ereignisses offenbar einen guten Ausgang genommen hatte. Was ich nicht wusste, war, dass es wohl schlimmer um meinen Körper stand, als ich geahnt hatte. Das erfuhr ich aber erst anschließend.

Während ich mich anschickte, nun wieder in den Operationssaal zu schweben, sah ich auf einmal die Umrisse meiner schon vor Jahren verstorbenen Mutter, die mit mir zu reden begann: »Das wär aber beinah schiefgegangen, mein Kind«, sagte sie.

»Bist du das wirklich, Mama? Und was meinst du mit ›beinah schiefgegangen‹?«

»Ja, Karin, ich bin es. Und ›schiefgegangen‹ bezieht sich auf deinen Gesundheitszustand. Dein Kreislauf ist sehr angeschlagen. Die Ärzte brauchten lange, bis sie deinen Herzschlag wieder in Gang gebracht haben. Aber so geht es, wenn man unbedingt Experimente machen will.«

»Mama, was meinst du denn damit?«

»Wenn man in einem bestimmten Krankenhaus entbinden will und die entsprechenden Ärzte einen kennen, dann kann zwar auch etwas passieren. Aber das Risiko ist viel geringer. Doch wenn man dort ganz unbekannt ist und dann auch noch ein Notfall eintritt, dann kann es gefährlich werden – so wie jetzt bei dir. Sei froh und dankbar, dass es mit dir nun wieder aufwärtsgeht. Denn der Kleine und dein Mann brauchen dich viel zu sehr.«

»Du hast ja recht, Mama.«

Und damit war meine Mutter auch verschwunden. Gern hätte ich sie noch nach ihrem gerade zur Welt gekommenen Enkelchen befragt. Doch sie war weg. Ich bin mir aber sicher, sie hat sich über den Kleinen gefreut, selbst wenn ich sie danach nicht mehr fragen konnte. Und jetzt wurde es mir erst bewusst, dass sie ja auch »der Kleine« gesagt hatte. Sie besaß offenbar ein umfassendes Wissen, jedenfalls ein weitaus größeres als ein Mensch im normalen irdischen Leben.

Nun wollte ich mich wieder – wie auch immer – in den Operationssaal begeben. Aber der war inzwischen leer. Stattdessen sah ich nun meinen Körper auf der Intensivstation liegen. Er war mit vielen Schläuchen an etlichen Infusionsflaschen versehen. Und ich bemerkte rein gefühlsmäßig, wie ich mich meinem Leib immer mehr näherte, bis ich gleichsam in ihm verschwand. Nach meinem Empfinden dauerte es dann auch nicht mehr lange, und ich erwachte in und mit meinem Körper.

Was mir meine Mutter mitgeteilt hatte, sagte mir zwei Tage später dann auch der Oberarzt. Hierüber war ich unglaublich überrascht. Es musste doch etwas dran sein, dass Verstorbene weiterexistieren – wie auch immer als geistige Menschen.

Ich freute mich unglaublich über das Baby, unseren Jungen, ebenso mein Mann. Er war übrigens vom Krankenhauspersonal über meinen Zustand informiert worden und in höchster Eile in die Klinik gekommen. Über die gefährliche Situation, in der ich mich befunden hatte, war er geschockt. Doch nun befand ich mich ja wieder auf dem Weg der Besserung, wie es mir meine Mutter gesagt hatte.

Karin D. stand den Aussagen ihrer Mutter vorerst wohl ein wenig skeptisch gegenüber, glaubte ihr dann aber und fand die Richtigkeit im Anschluss durch den ärztlichen Befund bestätigt.

Rowdy im Auto

Ralf B. benutzte wie selbstverständlich Papas aufgemotzten Porsche, einen von mehreren Wagen der Familie. Die sehr gut betuchten B.s hatten natürlich mehrere schnelle Autos. Und Herr B. senior beglich dann auch nolens volens alle Buß- und Strafgelder seines Sprösslings. Während der Vater häufig verärgert war und den Sohn intensiv zurechtweisen wollte, stellte sich die Mutter immer wieder schützend vor den Sohn. Er sei eben ein temperamentvoller Junge, dem schon mal »der Gaul durchgehe«.

Und der »Gaul« ging dem jungen Mann ziemlich oft durch. Er raste nicht nur wie ein Wilder durch die Straßen seiner Heimatstadt, sondern auch auf den Landstraßen und am liebsten auf den Autobahnen.

Tauchte einer der einschlägig bekannten Wagen mit den zwei B auf dem Nummernschild auf – nach dem Namen des Vaters Bastian B. –, stieg bei vielen Polizeibeamten der Adrenalinspiegel. Sie hatten vor der Familie zwar keine Angst, aber sie wussten, der in aller Regel ungestüme Fahrer verursachte manchen Ärger; und seine Familie hatte unglaublich viel Einfluss.

Der Junior nahm nicht nur anderen Fahrern ohne jegliche Rücksicht die Vorfahrt, sondern schnitt auch buchstäblich überall die Fahrspur, zwang andere zu Notbremsungen, um Auffahrunfälle zu vermeiden, und nötigte »normale Autofahrer« dazu, klein beizugeben – kurz: Er gebärdete sich als Verkehrsrowdy.

In einem besonderen Fall fuhr er aus lauter Ungeduld an einer Ampel sogar eine ältere Dame an, die gerade beim Wechsel auf Rot noch einen Zebrastreifen betreten hatte. Unfassbar war, dass die Frau im Nachhinein dann auch noch so behandelt wurde, als sei sie die allein Schuldige. Die Seite des Porschefahrers hatte offenbar die Anwälte mit den »durchschlagskräftigeren Argumenten«.

Nachdem dieser Vorfall in den lokalen Schlagzeilen aufgetaucht war, wollte der Vater die Freiheiten seines Sohns drastisch einschränken. Doch schaffte es wieder die Mutter, dem vergötterten Sohnemann auch weiterhin seine exklusiven Fahrgewohnheiten zu ermöglichen.

Ralf B. studierte an der Universität der Nachbargroßstadt Jura. Obwohl er in den Lehrveranstaltungen meistens durch Abwesenheit glänzte, gab er überall damit an, schindete bei geringer Qualifizierten mit seinem Halbwissen und merkwürdigen Eigeninterpretationen einen gewissen Eindruck und schaffte es, dass zumindest bestimmte einfacher strukturierte Zeitgenossen vor ihm kuschten und er sich immer als kleiner König fühlen konnte, weil er tatsächlich so behandelt wurde. Das hatte einen Effekt auch bei seinen Kommilitoninnen. Es fielen zwar nicht alle auf seine »coolen« Sprüche rein, viele aber doch – und den Rest besorgte der Porsche des Vaters.

Ebendieser stellte eines Tages ohne Wissen seiner Frau den Sohn einmal zur Rede: »Wie stellst du dir eigentlich deinen weiteren Werdegang vor?«

»Du weißt doch, ich studiere Jura.«

»Und genau das bezweifle ich. Soweit ich weiß, stimmt das gar nicht.«

»Woher willst du das denn wissen?«

»Ich habe meine Informationen. Wie steht es überhaupt mit den Seminarscheinen?«

»Was soll das? Wieso mischst du dich in meine Angelegenheiten ein?«

»Erstens, weil ich dein Studium finanziere. Und zweitens, weil ich will, dass du bald zu einem Abschluss kommst. Tingeltangel und Faulheit mache ich nicht mit.«

»Weiß Mama übrigens von diesem Gespräch?«

»Nein, sie weiß es nicht. Aber trotzdem bin ich für klare Verhältnisse. Auch wenn deine Mutter sich immer schützend vor dich stellt: Du betreibst jetzt mit Volldampf dein Jurastudium und kommst zu einem vernünftigen Abschluss. Oder Geldfluss und Porsche gehören bald der Vergangenheit an!«

»Ist das dein letztes Wort?«

»Das ist mein allerletztes Wort. Jetzt wird gearbeitet und nicht mehr gebummelt! Das gilt auch für deinen künftigen Arbeitsplatz in meiner Firma. Dort kann ich dich nur brauchen, wenn du erstens dein Studium ordentlich abgeschlossen, zweitens den Vorbereitungsdienst mit Erfolg hinter dir hast und drittens etwas Vernünftiges kannst. Bummeln, Versagen und Faulenzen gibt's bei mir nicht. Punktum!«

So, wie der Vater nun geredet hatte, nutzte mit Sicherheit auch kein mütterlicher Einspruch mehr etwas. Wahrscheinlich hatte der Vater schon lange Tacheles reden wollen. Und nun war es so weit!

Zwar mobilisierte Ralf B. selbstverständlich seine Mutter. Wie es aber stand, konnte auch diese nichts mehr ausrichten.

Äußerst tragisch wurde Ralf B.s Situation nun aber ausgerechnet dadurch, dass nach all seinen Eskapaden eine der Studentinnen – übrigens auch der

Rechtswissenschaft – ein Kind von ihm erwartete. Für diese Frau war Ralf B. keine flüchtige Bekanntschaft und lockere Beziehung, sondern sie liebte ihn, wusste nichts von seinen reichen Eltern und machte sich auch nichts aus Ralfs schnellem Auto. Sie teilte ihm ihren Zustand mit und hoffte auf sein Verständnis und seine Hilfe.

Er aber rastete völlig aus und schob ihr die alleinige Schuld zu. Auch eine von den Eltern der Studentin vorgesehene gütliche Einigung schlug er aus. Hier aber geriet der lockere Bursche an einen Profi. Der Vater war Chef einer großen Anwaltskanzlei in der Universitätsstadt. Er wünschte zwar eine gütliche familiäre Einigung, im Notfall würde er aber auch eine klare juristische Regelung herbeiführen. Er nahm Kontakt zur Familie des »mutmaßlichen Kindsvaters« auf. Bastian B. war über diese Nachricht zwar nicht sehr erbaut, bekannte sich aber zur Verantwortung seiner Familie – natürlich bei einer tatsächlichen Vaterschaft.

Ohne dass sein Vater konkret mit ihm über dieses neue Problem gesprochen hatte, bekam Ralf B. unsichere und ungefähre Mitteilungen von seiner Mutter. Von der Schwangerschaft einer Mitstudentin sei die Rede, also von einem Kind, dessen Vater er womöglich sein könnte. Sollte das so sein – das sei ja schrecklich! So ihre Jeremiade. Wie hatte es denn bei den modernen Verhütungsmöglichkeiten nur dazu kommen können? Was war das denn nur für eine Studentin? Warum nur?

Ralf B. war entsetzt. Bisher hatte ihm seine Mutter bei all seinen Bocksprüngen beigestanden und alles Mögliche auch vor seinem Vater irgendwie verheimlicht. Doch nun fing sie an zu lamentieren. Was würde dann erst der Vater im Einzelnen dazu sagen? Was war das denn nur für eine schreckliche Situation für ihn? – Da behauptete eine Studentin, sie sei schwanger von ihm. Ihr Vater schien ein juristisches Schwergewicht zu sein, mit dem man nicht so leicht umspringen konnte. Sein eigener Vater war zu studentischen Possen offenbar nicht mehr bereit. Und nun verfiel seine allerbeste Schützenhilfe – die Mama – auch noch aufs Wehklagen.

Ralf B. fühlte sich am Boden zerstört. Was sollte er nur noch machen? Er fuhr abends in die Universitätsstadt und da zu einer Studentenkneipe. Dort trank er unmäßig viel und ließ ganz schön die Puppen tanzen. Anschließend fuhr er ziellos in der Gegend herum. Der Alkohol half ihm auch nicht bei der Bewältigung seiner Probleme. Stattdessen gaukelte ihm seine aufgeheizte Stimmung vor, sämtliche Schwierigkeiten könne er mit einer Gewalttour beenden. Er gab Gas und jagte über eine Landstraße – in den Tod als vermeintliche Lösung all seiner Probleme, wie er meinte.

Ein anderer Autofahrer befuhr zum Glück bald darauf die gleiche Straße, sah an einem Baum den total zerstörten Wagen und alarmierte Feuerwehr und Polizei.

Die Feuerwehr schnitt den eingeklemmten Ralf B. aus dem Autowrack und brachte ihn schnellstmöglich ins nächstgelegene Krankenhaus. Die Polizei sicherte die Unfallstelle.

Im Krankenhaus wurde Ralf B. umgehend operiert und bestmöglich versorgt. Seine Überlebenschancen schienen äußerst gering zu sein. Dennoch hat er es geschafft.

Von all diesen Begebenheiten berichtete Ralf B. nach seiner Rekonvaleszenz wie folgt:

Mir war inzwischen alles restlos egal. Mein Vater machte mir enormen Druck. Er wollte, dass ich mein Studium bald beenden solle. Gut, ich gebe zu, nach fast elf Semestern war er logischerweise langsam mit seiner Geduld am Ende. Nach seinen Vorstellungen sollte ich mein Jurastudium so schnell wie möglich durchziehen, um dann, so rasch es geht, als Jurist in seine Firma einzusteigen. Natürlich musste dann

auch noch die zweite Phase der Ausbildung hinzu-
kommen. Mein Vater wurde also immer ungeduldiger
und ungehaltener, wenn es um mein Studium ging.

Dann kam noch die Hiobsbotschaft, eine befreun-
dete Kommilitonin sei schwanger von mir. Natürlich mochte ich sie, aber andere gefielen mir auch.
Inzwischen hatte ich darüber hinaus erfahren, dass
der Vater der Studentin eine juristische Großkanz-
lei führte. Das war auf der einen Seite sicher nicht
schlecht. Andererseits war mit dem Vater auch gewiss
nicht zu spaßen.

Schließlich verlor meine Mutter die Nerven. Sie
hatte mich früher meinem Vater gegenüber immer
verteidigt und geschützt. Und jetzt – nachdem sie
von der Schwangerschaft gehört hatte – drehte sie
offenbar total durch.

Nach all diesem Druck und sämtlichen schlechten
Nachrichten war ich meines Lebens überdrüssig.
Leider kam ich damals noch nicht auf die Idee, an
meinem Verhalten etwas ändern zu müssen, sondern
ich dachte nur noch daran, mit allem Schluss zu machen. Deshalb steuerte ich – nachdem ich mir Mut
angetrunken hatte – auf irgendeiner Landstraße den
Porsche einfach wild drauflos und landete an einem
Baum. Dann wurde es ganz dunkel um mich herum.

Irgendwann wurde die Dunkelheit ein wenig heller.

*Aber es blieb immer noch ziemlich düster. Ich dachte,
dieser Zustand würde sehr bald zu Ende gehen und
dann käme die endgültige Dunkelheit, also das, was
ich mir unter dem Tod vorgestellt hatte: Schluss,
Ende, Feierabend und gar nichts weiter. Aber die nur
leicht erhellte komische Düsternis blieb. Sonderbar
war das. So hatte ich mir den Tod und das Ende
nicht ausgemalt. Entweder war ich noch nicht richtig
tot, oder es ging trotz allem irgendwie weiter.*

*Und da rollte auch mein ganzes Leben wie ein
Film im Zeitraffer an meinem inneren oder geistigen
Auge vorbei – wenn es denn so etwas geben sollte.*

*Ich sah mich als kleinen Jungen mit allem mög-
lichen Spielzeug, so wie ich das auch immer haben
wollte. Papa und Mama waren offenbar sehr stolz
auf mich. Ich durfte machen, was auch immer ich
wollte. Papa war zwar nicht immer mit allem einverstanden, was ich so anstellte. Aber Mama regelte es
jedes Mal.*

*Dann sah ich mich in der Schule. Gab es Schwie-
rigkeiten, dann bekam ich Nachhilfe. Wollte ich
nicht lernen, dann beharkte Mama die Lehrer. Und
irgendwann schaffte ich im zweiten Durchgang dann
doch das Abitur. Ich studierte, befasste mich aber viel
lieber mit den angenehmeren Seiten des Lebens als
mit dem lästigen Lernstoff.*

Schließlich sah ich die Schlussphase: lang andau-
erndes Studium bei wenig begeisterten Professoren,
ärgerlicher Vater, Mitteilung von der Schwanger-
schaft einer befreundeten Kommilitonin, jammernde
Mutter. Und schließlich sah ich mich im völlig demo-
lierten Porsche an einem starken Baum.

Das also war mein Leben. Nun wartete ich auf
das endgültige Versinken in Dunkelheit und ewigem
Nichts. Aber das trat nicht ein. Ich blieb in dieser nur
ganz leicht erhellten Düsternis.

Eine Zeitvorstellung hatte ich natürlich nicht mehr.
Grübeleien und tiefer gehende Gedanken machte
ich mir selbstverständlich auch keine. Mir blieb ganz
einfach nichts anderes übrig, als zu warten. Oh, wie
hatte ich mir früher so toll die Zeit vertrieben, wenn
ich das Gefühl hatte, es sei irgendwie langweilig! Und
was war jetzt? Doch hier musste ich mich gedulden.
Und Geduld war niemals meine besondere Stärke
gewesen!

Gern hätte ich geschlafen oder zumindest vor mich
hin gedöst, aber auch das war überhaupt nicht mög-
lich. Ich war zornig und wütend, ich schimpfte. Aber
nichts geschah. Wo war ich hier eigentlich gelandet?

Es muss wohl eine ganze Weile gedauert haben,
als ich auf einmal den eigenartigen Eindruck hatte,
als würde es ein wenig heller werden. Und dann wur-

de es noch etwas lichter, bis ich schließlich in der immer stärker werdenden Helligkeit eine Gestalt sah. Sie näherte sich und war von dem sich verbreitenden Glanz umgeben. Diese Gestalt schien irgendwie durchscheinend zu sein, aber es war jemand mit einer Art menschlichem Gesicht. Ja, fast hatte ich den Eindruck, als sei es ein Kommilitone. Deshalb redete ich diese Person — oder was immer es auch sein mochte — wie einen Mitstudenten an: »Was machst du denn hier in dieser Dunkelheit? Bist du auch gegen einen Baum geknallt?«

»Ich gehöre in diese Welt. Sie ist auch nicht dunkel, sondern hell und schön. Aber nur, wenn man auf sie vorbereitet ist. Wir sind geistige Wesen und brauchen daher auch kein Auto.«

»Aber wer bist du denn?«

»Ich bin dein Begleiter, schon ein Leben lang.«

»Tatsächlich? Aber ich habe dich ja noch nie bemerkt?«

»Das konntest du auch nicht, weil ich immer unsichtbar bei dir war. Denn dein Leib hat immer alles Geistige abgeschirmt.«

»Du hast meinen Leib erwähnt? Was ist denn mit dem passiert?«

»Dein Körper befindet sich in einem ganz schlimmen Zustand. Aber er wird gerettet werden. Du *wolltest ja dein Leben beenden. Damit löst allerdings niemand auch nur das geringste Problem.«*

»Was hätte ich denn sonst tun sollen?«

»Deine Probleme da lösen, wo sie entstanden sind — in deinem Leben auf der Erde.«

»Und wie?«

»Indem du dich auf dein Examen vorbereitest und es bestehst. Das wirst du dann auch schaffen. Und indem du weiterhin zu deiner Verantwortung stehst.«

»Wie meinst du das?«

»Deine Kommilitonin, die ein Kind von dir erwartet. Du wirst mit ihr und dem Kind übrigens eine glückliche Familie haben.«

»Und was noch?«

»Ja, noch etwas: etwas Vernünftiges zu leisten und Verantwortung zu tragen, aber nicht vor ihr weglaufen. Damit wird kein einziges Problem gelöst.«

»Weißt du denn auch, wie es sonst mit mir weitergeht?«

»Du wirst noch eine Zeit lang im Krankenhaus zubringen müssen. Autofahrten sind dir so bald nicht mehr möglich. Denn die Fahrerlaubnis bleibt vorerst entzogen — zu deinem eigenen Schutz, aber auch zum Schutz der anderen ...«

»Was wäre denn mit mir geschehen, wenn man mich nicht gerettet hätte?«

»Das lag und liegt an deiner eigenen Einstellung. Du wolltest doch mit der Lebensweise hier in dieser Welt nichts zu tun haben. Jedenfalls ließen dein Verhalten und deine Einstellung das stark vermuten. Damit hast du doch die Entfernung weit weg vom höheren Wesen – also von Gott, wie man auf der Erde sagt – selbst gewollt.«

»Bekomme ich denn jetzt eine Gelegenheit, das zu ändern?«

»Du bekommst die Gelegenheit, **dich** zu ändern.«

Nach diesen Worten war ich wieder allein. Auch das helle Licht nahm ab, und ich befand mich erneut in der eigenartigen Finsternis, die nur von einem winzigen Lichtschimmer leicht erhellt wurde.

Diese Dunkelheit nahm dann immer mehr zu. Wie lange ich darin zugebracht habe, weiß ich nicht. Vielmehr erwachte ich dann irgendwann auf der Intensivstation. Ich war über und über mit dicken Verbänden umwickelt und hatte unglaublich viele Infusionsschläuche an meinem Körper. Ich verspürte Schmerzen an allen möglichen Stellen, wenn durch die Schmerzmittel auch etwas gedämpft. Irgendwie dämmerte ich so vor mich hin.

Nun hatte ich auch die Möglichkeit, über das während meiner tiefen Bewusstlosigkeit Erlebte nachzudenken. Ich hielt es kaum für möglich. Aber *dieses Gespräch war so klar, deutlich und logisch, dass ich irgendeinen Irrtum mit Sicherheit ausschließen konnte. Mein Gesprächspartner verfügte über ein solch enormes Detailwissen, dass Phantasien und Phantomgedanken für eine Erklärung des Phänomens nicht infrage kamen.*

An einem der nächsten Tage bestätigte der Chefarzt in einem ausführlichen Gespräch zudem in allen Einzelheiten das, was mein Gesprächspartner mir an der Grenze zu jener anderen Welt schon mitgeteilt hatte. Meine Eltern waren über meinen Auto»unfall« zutiefst entsetzt und bestürzt und bewunderten meine angesichts all dessen gefasste Haltung. Als ich mich nach meinem Führerschein erkundigte, erfuhr ich, was mir mein jenseitiger Dialogpartner ebenfalls schon gesagt hatte.

Mir wurde mehr und mehr bewusst: Was ich an der Schwelle zur jenseitigen Existenz erlebt und erfahren hatte, war Wirklichkeit!

Ralf B. beendete nach seinem ziemlich langwierigen Gesundungsprozess das Studium mit vorheriger gründlicher Vorbereitung und unterzog sich auch erfolgreich dem zweiten Ausbildungsabschnitt. Natürlich unterstützte ihn sein Vater besonders gern, als er sah, dass sein Sohn sich – wie umgewandelt – mit unglaublicher Emsigkeit um Ausbildung und Fortkommen bemühte.

Des Weiteren heiratete er seine Mitstudentin, die ein Kind von ihm erwartete. Und seine eigene und die angeheiratete Familie erkannten ihn nicht wieder: Er hatte für andere Damen keinerlei Blick mehr. Als er dann Vater einer gesunden und kräftigen Tochter geworden war, kannte seine Freude kaum noch Grenzen. Ebenso wuchsen die beiden elterlichen Familien durch das Enkelkind zusammen.

Der junge Jurist und Vater führte ein beispielhaftes Familien- und Berufsleben.

Sein Vater aber war sprachlos: Wie konnte es kommen, dass sein ziemlich lockerer und gewiss nicht beispielhafter Sohn nach jenem Unfall schlagartig um hundertachtzig Grad seinen Lebensstil wendete?

Auf diese Frage antwortete der Sohn in einem merkwürdigen Satz, über den Vater Bastian B. sehr lange nachdenken musste: »Das Leben hier auf der Erde ist nicht alles, aber es ist die Vorbereitung und Bewährung für alles, was später kommt!«

Bei der Schlüsselperson dieser Vision traten eine ganze Reihe von Problemen auf: Erziehungsmängel, ein orientierungsloses Leben, mangelnde Konsequenz bei der Ausbildung, fehlendes Verantwortungsbewusstsein, Anhäufung von selbst verursachten

Schwierigkeiten, Verzweiflungssituation und schließlich die Kurzschlussreaktion in Selbsttötungsabsicht.

Bei der Einschätzung dieser Sachverhalte geht es nicht um irgendeine moralische Bewertung, sondern um die psychologische Erklärung, wie sich menschliche Entwicklungswege derart ausprägen können, bis es aus Sicht des Betroffenen offenbar keinerlei Ausweg mehr gibt. Nun spätestens wäre der Augenblick gekommen, fachkundige Hilfe in Anspruch zu nehmen. Aber dazu sind viele Menschen aus falschen Gründen zu stolz. Die meist selbst verursachten Schwierigkeiten steigern sich dann beständig weiter, bis dann tatsächlich keine Lösung mehr möglich scheint. Und dann kommt es zum Allerletzten. Gerade dieser Fall zeigt jedoch, dass es auch anders geht. Selbst aus viel schlimmeren und verzweifelteren Situationen gibt es immer einen Ausweg.

Ein Feuerwehrmann mit Rauchvergiftung

Jakob F. war zufrieden und glücklich. Er hatte eine liebevolle Frau, zwei gesunde kleine Kinder, und er war ein tüchtiger Feuerwehrmann in einer Großstadt. Auch der regelmäßige Schichtdienst machte ihm nichts aus.

Bei seinen Kollegen war er sehr beliebt. Er galt nicht als jemand, der lediglich routinemäßig seinen Dienst ableistete und sich sonst um nichts kümmerte. Jakob F. dachte immer weiter. Vor allem dachte er an die Menschen, die in Not waren und seine Hilfe brauchten.

Sosehr ihn seine Kameraden auch mochten, warnten sie ihn dennoch gelegentlich: »Jakob, du nimmst dir alles viel zu sehr zu Herzen. Helfen ist gut, aber du übertreibst es manchmal. Du fährst oft deine Hilfsantennen viel zu weit aus. Hilf da, wo es nötig ist und wofür du bezahlt wirst.«

Bald schon kam wieder ein Einsatz. Der Brand auf der dritten Etage in einem vierstöckigen Gebäude schien eigentlich ein reiner Routinefall zu sein. Also wurde die Leiter hochgefahren. Jakob F. nahm in der Eile nur den einfachen Atemschutz mit, schlug im dritten Stock das Fenster ein und konnte auch umgehend eine noch bei vollem Bewusstsein befindliche und bewegungsfähige Frau zur Leiter bringen. Bevor sie aber nach unten stieg, bat sie ihren Retter darum, in der brennenden und verqualmten Etage auch noch ihren Hund zu holen. Normalerweise hätte sich der Feuerwehrmann in solch einem Fall zuvor einen besseren Atemschutz besorgen müssen. Jakob F. aber dachte, dann würde der Vierbeiner, um dessen Rettung ihn die Frau so sehr angefleht hatte, vom vielen Rauch längst erstickt sein.

Also stürmte er nach vorn und suchte den Hund, der sich aber in die hinterste Ecke des dritten Stockwerks verkrochen hatte.

Von unten spritzten die Kollegen Löschwasser, was das Zeug hielt. Aber hier oben war der Qualm viel gefährlicher als der eigentliche Schwelbrand. Und in diesen dichten Rauch stürzte sich Jakob F., um einen Hund zu retten, der weit und breit nicht wahrzunehmen war. Und das mit mangelhaftem Atemschutz.

Der Feuerwehrmann tappte und tastete vor sich hin und stolperte fast über ein Sofa. Mit einer Hand grapschte er auf dem Sitzmöbel herum, griff dabei natürlich ins Leere. Mit der anderen Hand tappte er mehr instinktiv unter das Sofa und ertastete das Fell eines dicken, fleischigen Tiers. In seiner immer stärker aufkommenden Atemnot packte er blind in dieses Hundefell und zog es unter dem Sofa hervor. Er spürte eine Art Biss in seine Hand. Aber in dieser immer schrecklicher werdenden Situation nahm er das kaum noch richtig wahr, zog das Fell aus dem Qualm hervor und fühlte plötzlich ein lebendiges Bündel in seiner Hand, den gesuchten Hund – einen recht fettleibigen Mops.

Jakob F. kam gerade noch zum Fenster. Während

er sich aber mit dem Hund zur Rettungsleiter beugte, verlor er das Bewusstsein. Sein Oberkörper fiel über das Oberteil der Rettungsleiter, der übrige Körper lag noch im Fenster.

Von unten sahen zwei Feuerwehrleute den bewusstlosen Kollegen, der den Mops irgendwie fest in seinen Händen hielt. Sofort stiegen sie nach oben. Der erste zog den Hund aus den Händen des Bewusstlosen und übergab ihn an den zweiten, der ihn nach unten brachte und dort laufen ließ. Sie brachten ihren Kameraden dann nach unten, wo er auf der Tragbahre eines routinemäßig bereitstehenden Rettungsfahrzeugs in ein Krankenhaus gefahren und dort sofort notärztlich behandelt und gerettet wurde.

Die Rauchbelastung beziehungsweise -vergiftung Jakob F.s war aber weitaus schlimmer als angenommen, die Bewusstlosigkeit brachte ihn bis an die Grenze seiner körperlichen Belastungsfähigkeit.

Einige Zeit nachdem er sich wieder erholt hatte, berichtete er wie folgt von diesem gefährlichen Einsatz:

Nachdem ich das Fenster im dritten Stockwerk eingeschlagen und die noch bei vollem Bewusstsein befindliche Frau auf die Rettungsleiter gebracht hatte, dachte ich, nun könne ich mich mit den übrigen

Arbeiten befassen. Doch da sagte die Frau, ich möge noch ihren Hund retten. Ich hatte den Eindruck, das sei eine ganz einfache Sache und in wenigen Minuten erledigt. Dabei dachte ich an einen Hund, der in der Nähe dieser Frau herumläuft und leicht zu greifen und zu retten sei. Aber es kam völlig anders: Den Hund sah und hörte ich nicht. Dann gab ich hundeähnliche Laute von mir, um den Vierbeiner anzulocken. Doch auch daraufhin rührte sich nichts: kein Tier, kein Mucks, nichts! Dem Geruch konnte ich auch nicht nachgehen. Ich roch nur Rauch und verkohlten Hausrat.

Auf die zwingende Idee, nun einen besseren Atemschutz anzulegen, kam ich in der Eile gar nicht erst. Ich hatte Angst, meine Hilfe käme zu spät, wenn ich wieder nach unten stiege und ein besseres Atemschutzgerät anlegte. Ich wollte so schnell wie möglich helfen und dachte, es würde nicht lange dauern. Ein Hund musste sich doch augenblicklich melden – und das erst recht in diesem Qualm und bei der mehr und mehr um sich greifenden Hitze. Er musste doch möglichst schnell zum Fenster kommen. Doch da hatte ich mich völlig vertan.

Ich tappte durch den beißenden Rauch, merkte aber noch nicht richtig, dass mein Atemschutz für diese Qualmfülle nicht ausreichte. Doch wollte ich nicht einfach aufgeben. Ich wollte den Hund finden und dann an die frische Luft hetzen. Das aber dauerte. Auf einmal stolperte ich über das Sofa. Ich griff instinktiv nach oben und zugleich nach unten. Und unten griff ich ins Fell eines Fleischklopses, packte einfach zu und zog dieses Etwas hervor. Ich spürte einen Biss und war dabei fast zufrieden. Denn das musste ja was Lebendiges sein, sicher der gesuchte Hund. Ich eilte mit ihm zum Fenster und verlor prompt die Besinnung.

Was weiter passierte, sah ich irgendwie aus der Ferne: Der Hund, ein Mops, wurde gerettet und lief zu seiner Besitzerin. Meinen Körper trugen zwei Kameraden nach unten. Dort wurde er in einen bereitstehenden Rettungswagen gebracht und mit Blaulicht zum nächsten Krankenhaus gejagt. Eigenartig war, dass der für Opfer aus dem Brandherd vorgesehene Notfallwagen ausgerechnet für mich, einen Feuerwehrmann, benutzt wurde.

Doch bald darauf sah Ich mich nicht mehr im Rettungswagen und Krankenhaus, sondern in einem Garten mit vielen Blumen, aber auch mit einer Menge von Kräutern, wie man sie etwa in der Küche benutzt. Das war für mich deshalb besonders interessant, weil ich auch sehr gern als Gärtner tätig war.

In diesem prächtigen Garten fühlte ich mich unglaublich wohl. Ich schaute mir die Pflanzen an und war von der Fülle von Gräsern, Blumen, Büschen und Bäumen begeistert. Jede einzelne Pflanze schaute ich mir mit großem Interesse an und überlegte mir, ob ich sie erkennen würde. Natürlich identifizierte ich bei dieser riesigen Fülle nicht alle Blumen, Büsche und Bäume, erfreute mich aber an ihrer enormen Vielfalt.

Irgendwann kam mir hinter einem größeren Busch jemand entgegen: Es war eine leicht durchscheinende, aber dennoch klar erkennbare Gestalt, deren Gesicht mir freundlich zulächelte. Das war meine schon vor langer Zeit verstorbene Großmutter, die ich jedoch sogleich erkannte. Ich war unglaublich überrascht.

»Omi, bist du das denn wirklich?«

»Mein Köbelchen!«

»Wie geht es dir? Und was machst du hier?«

»Mir geht's ausgezeichnet. Ich bin glücklich und passe auf manche Menschen auf, so auch auf dich. Das ist manchmal noch viel anstrengender als jede Arbeit auf der Erde. Aber das tue ich sehr gern. – Du hast sehr gut geholfen. Aber es war auch sehr gefährlich. Am leichtsinnigsten war es aber, ohne richtigen Atemschutz in solch einen schrecklichen Rauch zu gehen.«

»Aber ich war in Eile. Wäre ich wieder hinabgestiegen, dann wäre es für den Hund zu spät gewesen.«

»Sicher stimmt das. Doch ist es am einfachsten, gleich mit der richtigen Schutzausrüstung in den Qualm zu gehen. Ein Feuerwehrmann kann dann am besten helfen, wenn er auch selbst optimal geschützt ist.«

»Jetzt bist du wieder meine Oma mit dem erhobenen Zeigefinger.«

»Ich bin deine Oma, die nachdenkt. Und das musst du auch immer tun.«

»Aber ich hab doch diese Frau **und** ihren Hund gerettet.«

»Ja, mein Köbelchen, das hast du getan. Doch denk stets daran: Ein Held sein ist gut. Ein vernünftiger Held sein ist aber besser!«

Nach diesen Worten war meine Großmutter nicht mehr zu sehen. Ich stand in diesem wunderschönen Garten ganz allein da. Am liebsten wäre ich hiergeblieben. Doch da dachte ich an meine Familie und an meine Arbeit. Und gleichzeitig kam mir in den Sinn, was mir meine Großmutter eigentlich hatte sagen wollen. Sie hatte ja recht. Sie war um mein Leben und meine Gesundheit besorgt. Und dann hatte sie ja noch gesagt, dass sie auf andere Menschen aufpasse – auch auf mich. Das war ein wunderschönes

Gefühl: Meine Großmutter begleitet mich. Sie ist immer irgendwie in der Nähe. Aber dabei stellt sie auch beständig fest, ob sich ihr Enkel vernünftig anstellt und verhält. Also musste ich in Zukunft doppelt und dreifach darauf achten, sie nicht zu enttäuschen.

Nach meinem Aufwachen in der Intensivstation bestätigte mir der Oberarzt, dass ich ganz scharf am Ableben, wie er es nannte, vorbei»geschrammt« war. Ich hätte eine sehr schwere Rauchvergiftung gehabt und sei in tiefer Bewusstlosigkeit gewesen, aus der sie mich nur mit größter Mühe und enormem medizinischem Aufwand zurückgeholt hätten. Dabei empfahl er mir, künftig etwas besser auf einen solideren Atemschutz zu achten. In die gleiche Richtung ging auch der Wunsch meines Feuerwehrhauptmanns, der bald darauf mit zwei weiteren Kameraden und einem Blumenstrauß an meinem Krankenbett aufkreuzte.

Eine solch detailgetreue Wiedergabe ist bei Traumbildern eher unwahrscheinlich. Sie bleiben meist nur teilweise im Gedächtnis haften. Das gesamte Verhalten dieses Feuerwehrmannes lässt zwar auf eine bestimmte Portion Waghalsigkeit schließen, aber keineswegs auf seelische Störungen. Er zeigte sich weder depressiv noch (grundlos) euphorisch und auch nicht verwirrt.

»Wir holen unser Kind ab!«

Jan-Piet van D. war Polier und arbeitete auf einer niederländischen Baustelle. Mittlerweile hatte der Trupp den Rohbau eines Hauses schon bis zum vierten Stock hochgezogen. Jan-Piet van D. war gerade dabei, die Vorkehrungen für die Deckeneinschalung zu treffen. Er war schwindelfrei und routiniert. Ihm machte es auch nichts aus, in großer Höhe selbst ohne Geländer herumzubalancieren. Wenn die Kollegen seine Turnaktionen nicht mit ansehen konnten, lachte er sie wie so oft aus und machte seine Witzchen. Er war eben ein robuster, erfahrener und standfester »Mann vom Bau«.

Doch an diesem Tag kam alles anders: Gerade war er dabei, seine Anweisungen für die Verschalung der Decke zu geben, die nach den Wünschen des Bauherrn ganz speziell gestaltet werden sollte. Denn in der fünften Etage und damit ausgerechnet auf dieser Decke wollte er seine Büroräume einrichten. Und damit hatte er auch x Sonderwünsche.

Jan-Piet van D. konnte das natürlich nicht erschüttern. Deshalb balancierte er wie ein Akrobat in luftiger Höhe, um auch diese Etagendecke mitsamt allen Extrawünschen vorzubereiten. Dabei geschah es: Er beugte sich – auf den teilweise noch feuchten Bohlen –

zu weit nach hinten und verlor das Gleichgewicht. Und damit stürzte er etliche Meter tief bis ganz nach unten.

Normalerweise wäre das sein Ende gewesen. Denn einen derart tiefen Sturz überlebt kaum jemand. Jan-Piet van D. aber hatte unglaubliches Glück. Er landete seitlich auf einem hohen Bausandhaufen, der zudem noch vom Regen am Vortag durchnässt war. Zwar schlug er mit voller Wucht auf. Doch der schlammige Sand federte seinen Sturz ab. Und dann rollte er seitlich vom Sandhaufen herunter bis auf den festen Boden.

Sofort alarmierten seine Kollegen einen Rettungswagen, der natürlich nur mühsam bis zur Unfallstelle durchkam. Der Polier wurde dann ins nächstgelegene Krankenhaus gefahren und dort nach besten Kräften versorgt.

Jan-Piet van D. berichtete von diesem Vorfall und seinen Erlebnissen danach wie folgt:

Ich war gerade dabei, die Vorbereitungen für die ziemlich komplizierte Decke des vierten Stockwerks zu treffen, um die durchzuführenden Arbeiten dann den betreffenden Bauleuten mitzuteilen. Diese Decke sah massenhaft Extradurchbrüche, Sonderöffnungen, Spezialdurchgänge und viele Einzelluken vor.

Denn in der Etage darüber wollte der Bauherr sein Chefbüro mit vielen ausgeklügelten Sondereinrichtungen und -anlagen ausstatten.

Aus diesem Grund musste ich alles speziell vermessen und die Deckenverschalung ganz nach den individuellen Vorstellungen des Bauherrn ausrichten. Und das war alles deshalb so kompliziert, weil die eigentliche Bauplanung anders vorgesehen war. Aber auch das gehörte zu unserem Alltag. Den Bauherren fällt immer wieder etwas Neues ein.

Deshalb balancierte ich auf den Leitern und Gerüsten. Da ich schwindelfrei war, nahm ich es oft nicht so genau mit den Sicherheitsvorkehrungen. Und auch hier bewegte ich mich auf den Laufbohlen mit dem noch nicht fertig eingerüsteten Geländer ganz oben. Da muss ich mich wohl zu weit nach hinten gebeugt haben, sodass ich mein Gleichgewicht verlor und wegsackte.

Noch im Fallen kam mir der Gedanke: »Was ist denn das? Das kann doch nicht möglich sein!«

Da fühlte ich nur für einen Sekundenbruchteil den Aufschlag auf irgendwas »Platschiges«. Und damit wurde es auch schon dunkel um mich.

Der Zustand dieser Dunkelheit dauerte wohl eine Weile. Doch vermute ich, dass ich nach ziemlich kurzer Zeit in einen Dämmerzustand kam. Durch eine

Art graue Helligkeit sah ich, wie mich Sanitäter mit einer Trage in einen entfernt stehenden Rettungswagen trugen. Sie stolperten fast über Bausteine und Schutt, brachten mich aber sicher ins Auto. Dann rasten sie mit mir – zugleich mit Sirene und Warnlicht – ins nächste Krankenhaus. Dort wurde ich auf ein typisches Rollbett hinübergehoben. Und dann ging es im Eiltempo in einen OP, wo ich abermals umgelagert wurde – diesmal auf den Operationstisch. Dort versammelte sich eine Menge Ärzte und Krankenschwestern um mich.

Nun hatte ich den Eindruck, als verließe ich meinen angeschlagenen Körper und schwebte über dem ganzen Geschehen. Aber auch dieser Eindruck dauerte nicht lange. Dann sah ich mich irgendwann auf einer Art Straße. Es war ziemlich dämmrig. Ich fühlte mich einsam und allein und versuchte, in die Dämmerung hineinzurufen. Doch geschah zunächst überhaupt nichts.

Am meisten erschütterte mich die schreckliche Ungewissheit, was denn nun eigentlich mit mir los sei. Wo war ich hier nur? Und was war denn mit meinem Leib los? Wie sollte es denn nur mit mir weitergehen? – Und was passierte in der Zwischenzeit mit dem Bau? Die Männer brauchten meine Anleitungen für diese höchst komplizierte Etagendecke. Der Bauherr hatte doch eine Menge Sonderwünsche gehabt, die er nur mir mitgeteilt hatte.

Während ich noch so vor mich hin grübelte und meinen Gedanken nachging, lichtete sich die Dämmerung allmählich. Ich schaute auf diese eigenartige und schnurgerade Straße. Niemand schien sich darauf zu bewegen. Doch in der sich immer mehr lichtenden Dämmerung sah ich auf einmal zwei Spaziergänger. Es schienen ein Mann und eine Frau zu sein. Sie kamen auf mich zu. Schließlich sah ich sie ganz genau. Denn es war wie am helllichten Tag. Die dämmrige Dunkelheit war restlos verschwunden.

Und nun erkannte ich auch die beiden Spaziergänger. Denn sie waren inzwischen in Sichtweite gekommen. Es handelte sich um meine Großeltern, die Eltern meiner schon vor Jahren verstorbenen Mutter. Nach ihrem frühen Tod hatte mein Vater mich in ihre Obhut gegeben, weil er selbst einen anstrengenden und zeitraubenden Beruf als Bauingenieur ausübte.

Mein Vater heiratete nicht mehr und ließ mich bei den Großeltern. Aber er hielt regelmäßigen Kontakt zu mir und meinen Großeltern. Heute lebt er – auf eigenen Wunsch – in einem Seniorenheim in einer Art Wohngemeinschaft älterer Herrschaften. Er fühlt sich dort richtig wohl. Ich besuche ihn regelmäßig und sehe, dass es meinem Vater gutgeht. Und ich hoffe, dass ich ihn noch lange behalte. Denn ich liebe ihn sehr. Ich selbst bin noch unverheiratet. Vielleicht liegt das ein bisschen auch daran, dass ich bis zum Lebensende zuerst des Großvaters und dann der Großmutter bei ihnen lebte und mich dort vollkommen glücklich fühlte. Ja, ich wohne noch heute in ihrem kleinen, aber gemütlichen Haus.

Sie waren es tatsächlich: meine beiden Großeltern. Geradewegs kamen sie auf mich zu. Sie waren beide festlich gekleidet und trugen moderne, dunkle Kleidung. Mir fiel an meinem Großvater besonders das schneeweiße Oberhemd mit der großen schwarzen Fliege und bei meiner Großmutter der leichte schwarze Mantel mit dem dunklen Hut auf. Ich wusste: Zu festlichen, aber auch zu traurigen Anlässen trugen sie immer ausgesprochen dunkle Bekleidung.

Beide sahen eigentlich auch nicht wie alte Leute aus, und sie kamen mit forschem Schritt daher. Sie machten den Eindruck, als wären sie auf dem Weg zu irgendeinem festlichen Ereignis und mir dabei unterwegs begegnet. Sie waren von einem hellen Licht umgeben. Bei genauerem Hinsehen bemerkte ich, dass ihre beiden Gesichter leicht durchscheinend waren. Durch diese Transparenz sahen sie wesentlich jünger aus. Sie blieben auf der schnurgeraden Straße unmittelbar vor mir stehen und musterten mich von oben bis unten. Schon wollte ich sie ganz überrascht ansprechen und sie fragen, wohin sie wohl gehen wollten.

Doch da kam mir mein Großvater zuvor und fragte mich höchst besorgt: »Jan-Piet, mein Lieber, was machst du denn nur für Sachen?«

»Opa, was meinst du denn damit?«

»Natürlich dein Verhalten auf dem Bau. Du bist doch kein Vogel und hast keine Flügel. Das musst du doch wissen, wenn du in großer Höhe auf dem Bau bist.«

»Ach, du meinst, dass ich etwas locker auf dem Gerüst ohne Geländer umhergegangen bin.«

»Du bist nicht nur umhergegangen, sondern du bist dort oben herum**geturnt**. Dann ist es fast normal, dass du abgestürzt bist. Du wolltest dich doch wohl nicht umbringen …!?«

»Nein, natürlich nicht, Opa. Es ist einfach so passiert.«

»Dann musst du nach deiner Rückkehr zur Erde gewissenhaft darauf achten, dich besser abzusichern. Auch wenn jemand schwindelfrei ist, hat er immer noch keine Flügel und kann selbstverständlich abstürzen.«

»Ich weiß, was du meinst, und werde es in Zu-

*kunft beachten. Doch du sprichst von der Rückkehr
zur Erde. Bin ich denn noch nicht tot?«*

*Da erwiderte meine Großmutter: »Nein, mein
Junge. Du lebst auf der Erde weiter, wenn die Ärzte
dich wieder in einen lebensfähigen Zustand zurück-
versetzt haben. Du bist jetzt noch im Operationssaal.
Aber ganz einfach ist es für die Chirurgen nicht. Ich
stimme deinem Opa uneingeschränkt zu: Ohne deinen Leichtsinn wäre das alles nicht nötig gewesen.
Also, Jan-Piet, mein Lieber, in Zukunft machst du
solch einen Unsinn nicht nochmal, klar?«*

*Das waren die ernsten Worte meiner Großmutter.
Sie war für mich immer die Beste gewesen und hatte — fast — alles für mich getan. Manchmal wurde sie
dabei von meinem Großvater etwas gebremst, weil er
nicht alles durchgehen lassen wollte, aber sicher auch
nicht konnte.*

*»Oma, beste Großmutter, ich hab's verstanden!
Doch du sagst, dass ich noch nicht tot bin, sondern
auf die Erde zurückkehre. Woher weißt du das
denn?«*

*»Dein Opa und ich — wir sind Geistmenschen.
Und für diese rein geistigen Menschen gibt es einen
sehr weiten Blick in alles, was vergangen ist, aber
auch in alles Gegenwärtige und natürlich auch in die
Zukunft. Wir wissen ebenso über Dinge und Vor-*

gänge Bescheid, die erst später und sogar viel später geschehen.«

»Was ist das denn – Geistmenschen?«

»Jan-Piet, Liebling, Junge, beim Ende des Lebens auf der Erde trennt sich der Geist – oder besser der Geistmensch – von dem rein körperhaften Leibmenschen. Dieser Leibmensch kann ohne die Existenz des Geistes nicht leben. Das bedeutet: Nur der Geist im Menschen bewirkt das Leben auch des Leibes. Beim Ende des Lebens auf der Erde trennt sich der Geistmensch vom Leibmenschen. Das geschieht meistens dadurch, dass der Körper für irdische Verhältnisse nicht mehr lebensfähig ist.«

»Du meinst damit den Tod?«

Meine Oma sah nun wieder den Großvater an, der unbedingt etwas dazu sagen wollte: »Jan-Piet, mein Junge, auf der Erde sprechen die Leute vom Tod. Das haben wir in unserem Leben auf der Erde auch so getan. Aber das ist eine völlig falsche Sehweise. Denn **den Tod gibt es nicht tatsächlich!** Das, was man auf der Erde damit bezeichnet, ist in Wirklichkeit nichts anderes als nur die Trennung des Geist- vom Leibmenschen. Der Geistmensch bringt das Leben. Der Leibmensch ist wie eine Art Instrument – man kann auch sagen: Hilfsmittel – zum Dasein auf der Erde.«

»Und was passiert dann?«

»Der Geistmensch existiert weiter, für immer. Der Leibmensch aber verfällt und vergeht ohne geistiges Leben.«

»Ich bin vollkommen verwirrt, ich weiß kaum noch weiter.«

»Das begreifst du irgendwann. Das ist ganz normal. Dein Leben auf der Erde geht weiter. Doch achte darauf, was wir dir gesagt haben. Vorsicht, wo es geboten ist, und kein Leichtsinn.«

»Ich verspreche es euch. Wie könnte ich euch beiden je einen Wunsch abschlagen?«

Nun hätte ich mich eigentlich von meinen Großeltern verabschieden können, obwohl ich noch undenkbar lange mit ihnen reden wollte. Sie waren mein Ein und Alles – nach meinen Eltern, der zu früh verstorbenen Mutter und dem beruflich überlasteten Vater.

Während ich darüber nachdachte und meine Großeltern mich liebevoll anblickten, erinnerte ich mich wieder daran, dass sie so festlich, aber auch ein wenig wie in Trauer gekleidet waren. Also stellte ich meine Frage: »Oma, Opa, ihr seid so festlich gekleidet. Wohin geht ihr denn?«

»Wir holen unser Kind ab.«

»Euer Kind?« Ich verstand das zunächst nicht. »Welches Kind?«

Auf meine Frage antwortete meine Oma: »Jan-Piet, deine Mutter war unsere Tochter und damit unser Kind. Sie ist schon seit vielen Jahren hier in der anderen Welt und fühlt sich sehr wohl. Wir haben, wie du weißt, aber noch einen Sohn und eine Tochter gehabt. Und eins von diesen beiden Kindern holen wir jetzt ab.«

Mit diesen Worten waren meine Großeltern auch verschwunden. Gerade hatte ich sie noch fragen wollen, wen sie denn abholen wollten. Doch ich sah sie nicht mehr. Zugleich wurde es auch dunkel um mich. Schließlich erwachte ich wieder auf der Intensivstation.

Wie mir der Chefarzt einen Tag später sagte, wurde ich stundenlang operiert und gleichsam wieder »zusammengeflickt«. Mein Zustand muss nach dem Sturz ganz schrecklich gewesen sein. Viel hätte nicht mehr zum »Exitus« gefehlt.

Auch mein Vater besuchte mich später und belehrte mich auf seine Weise über Sicherheitsmaßnahmen auf dem Bau: »Jan-Piet, mein Junge, weißt du, ein Schutzhelm und Schuhe mit Stahlkappen reichen auf dem Bau nicht, wenn man ohne Geländer in der Luft herumturnt. Also lass dir das eine endgültige Warnung sein. Das Leben am Bau ist dafür viel zu gefährlich.«

»Wie war es denn früher bei dir auf der Baustelle?«

»Ich neigte sicher auch manchmal zu sehr viel Leichtsinn, aber nicht so wie du. Natürlich lauert der Tod überall, auch im Büro – wie bei deinem Onkel Willem. Er ist vorgestern an einem Herzinfarkt verstorben und wird übermorgen beigesetzt.«

»Das tut mir leid. Aber das weiß ich auch schon seit zwei Tagen.«

»Wieso das denn? Vor zwei Tagen ist dein Onkel doch erst gestorben.«

»Richtig. Und seit diesem Moment weiß ich es auch schon.«

»Wie kann das sein? Bist du ein Hellseher?«

»Nein, aber ich habe Oma und Opa getroffen, Mamas Eltern.«

»Jan-Piet, wirkt die Narkose denn noch so lange nach? Geht es dir sonst gut?«

»Bis auf die Schmerzen geht es mir gut. Doch weiß ich, wovon ich rede. In meiner tiefen Bewusstlosigkeit habe ich mit meinen beiden Großeltern gesprochen. Und sie wollten ihr Kind – also war es Onkel Willem – abholen. Außerdem sagten sie mir auch, dass der Tod nur hier auf der Erde als Tod gesehen wird. In Wirklichkeit ist er aber lediglich die Trennung von Leib und Geist.«

Mein Vater schaute mich zweifelnd an. Ich merkte, er glaubte mir gar nichts. Vielmehr versuchte er, mich zu beruhigen, und redete mir wie einem kranken Gaul zu: »Jan-Piet, mein Junge, es ist alles gut. Hauptsache, du bist wieder auf dem Weg der Besserung. Ich bin ja so froh, dass alles noch einigermaßen glimpflich abgelaufen ist. – Übrigens habe ich zu Onkel Willems Beerdigung einen Kranz von uns beiden bestellt. Und Tante Mieke habe ich in deinem und meinem Namen unser herzliches Beileid ausgedrückt.«

»Papa, ich danke dir für alles sehr herzlich. Du meinst es sicher sehr gut mit mir. Aber ich glaube, manches verstehst du noch nicht so ganz richtig.«

»Ja, mein Junge, wenn du meinst. Ich wünsche dir jedenfalls alles Gute.«

Damit war für dieses Mal unser Gespräch zu Ende. Mein Vater war froh, dass ich allmählich wieder auf dem Weg der Besserung war. Papa war und ist ein wunderbarer Mensch. Ihm aber zu erklären, dass mit dem Ende des diesseitigen Lebens noch nicht alles aus ist, das wird sicher recht schwierig werden.

Zwar kann es auch in einem »normalen« Traumgeschehen durchaus vorkommen, dass Dialoge mit Verstorbenen geführt werden. Aber schon die Information über den Tod des Onkels – mit dem Jan-Piet zudem offensichtlich keinen allzu intensiven Kontakt gepflegt hatte, und der in seinem normalen Bewusstsein wohl wenig präsent war – ist ein recht überzeugendes Argument für die Realität dieser Nahtoeserfahrung.

Haarscharf am Tod vorbei –
Die zweifelhafte Karriere eines Autohehlers

Im Mittelwesten von Weißrussland begann er zuerst eine Ausbildung als Kfz-Mechaniker. Das war ihm jedoch zu anstrengend. Da er aber ziemlich flott mit dem Mund und tüchtig war, ließ er sich von seinem Chef bald mit dem Verkauf beauftragen. Hier gelang es ihm rasch, Menschen auch solche Vehikel anzudrehen, die selbst nach östlichem Standard fast schrottreif und kaum noch betriebsbereit waren. Auf die Dauer brachte das aber nicht genug ein. Denn die paar Kunden, die er hatte, beklagten natürlich später die schlechte Qualität. Also musste er sich etwas einfallen lassen.

Und der ausgekochte Verkäufer – Grigorij L. oder nach früherem Brauch Grigorij Alexandrowitsch L. – kam auf eine seiner Meinung nach »recht clevere

Idee«: Er nahm Kontakt auf zu verschiedenen Autohändlern aus dem westlichen Nachbarstaat Polen und strebte dort ein gewinnträchtiges Gemeinschaftsgeschäft an. Doch die polnischen Händler wollten natürlich selbst Cash machen, ohne die Weißrussen, zu denen sie teilweise ein gespanntes Verhältnis hatten und noch haben. Grigorij ging selbstverständlich einen Schritt weiter: Er suchte den Kontakt zu den Vermittlern, die den polnischen Händlern den Zugang zu Fahrzeugen überhaupt erst ermöglichten. Natürlich gab es etliche Händler, die nur gesetzeskonform nach Polen eingeführte Autos verkauften. Daran hatte Grigorij aber kaum Interesse, denn diese Wagen waren viel zu teuer. Stattdessen kam er aber sehr schnell an Leute, die deutsche Autos »irgendwie besorgen konnten«. Grigorij L. war begeistert und engagierte ganz gezielt Polen, die ihm weiterhelfen konnten. Er stellte schließlich eine systematische Bande zusammen, die auf diesem Gebiet äußerst »erfolgreich« wurde.

Die Leute dieser zweifelhaften Truppe nutzten ein weitgespanntes Netz bis nach Westeuropa und beschafften Grigorij L. hochwertige Autos zu vergleichsweise niedrigen Preisen. Seinen schon älteren Arbeitgeber stellte er bald darauf vor die Wahl: Er solle ihm das Geschäft mitsamt der Werkstatt verkaufen, oder Grigorij L. würde ein Konkurrenzunternehmen aufbauen, was ihn sicher in den Ruin treiben würde.

Da sein Chef die radikalen Machenschaften seines Angestellten kannte und sich noch ein paar Jahre in Ruhe gönnen wollte, stimmte er irgendwann zu und übertrug sein Geschäft auf Abzahlungsbasis an Grigorij.

Nun legte dieser erst recht los und brachte den Handel mit seinen kriminellen Geschäftspraktiken richtig in Schwung. Er belieferte sogar sehr hohe Kreise bis in die weißrussische Hauptstadt Minsk.

Hatte jemand bei einem speziellen Auto Extrawünsche, so sorgte seine Werkstatt dafür, dass sie erfüllt wurden. Irgendwann hatte er auch selbst Interesse an einem besonders tollen Auto. Seine Zulieferer brachten ihm dann einen hochtourigen BMW. Als seine Mechaniker den Wagen endlich so weit hatten, wollte Grigorij ihn umgehend ausprobieren und jagte gleich damit los. Natürlich sind die Straßenverhältnisse in Weißrussland anders, als man das hierzulande gewohnt ist. Doch das war dem umtriebigen Händler egal.

Grigorij L. erfasste der Geschwindigkeitsrausch, und er drückte – »nur so zum Spaß« – noch mehr auf die Tube. Aber da kam plötzlich eine lange, vorher schlecht erkennbare Linkskurve. Und Grigorijs

Geschwindigkeit war viel zu hoch. Schon sah er einen dicken Baum auf sich zukommen und versuchte noch, an ihm vorbeizufahren. Das aber gelang ihm nicht. Stattdessen raste er mit leichtem Linksdrall, doch in voller Wucht auf den Baum zu. Wäre er tatsächlich links an dem Baum vorbeigeschrammt, dann wäre ihm nur verhältnismäßig wenig passiert. So bretterte er jedoch genau darauf zu. Sein einziges Glück war es, dass sich zwischen seinem Sitz und dem Baum der rechte Fahrgastraum befand, dass er angeschnallt war und der Airbag aufging. Doch trotzdem war der Aufprall für Grigorij lebensgefährlich. Es wurde dunkel um ihn herum, und er versank in tiefste Bewusstlosigkeit.

Dass er überhaupt überlebte, verdankte er einem anderen Autofahrer, der dann einen Rettungswagen anforderte. Die Helfer schafften es mit größter Mühe, Grigorij L. aus seinem Schrotthaufen herauszubekommen, und brachten ihn in das nächste erreichbare Krankenhaus.

Von der Zeit seiner Bewusstlosigkeit und unmittelbar davor berichtete er folgendermaßen:

Mir machte es unglaublich Spaß, mit diesem sehr schnellen Auto zu fahren. Ich brauchte nur etwas aufs Gaspedal zu treten, und schon beschleunig-

te der Wagen in einer Weise, wie ich sie noch
nicht kannte. Ich konnte von der Geschwindigkeit
gar nicht genug bekommen. Ich war wie in einem
Rausch. Und dann sah ich in der Linkskurve plötzlich diesen Baum auf mich zukommen. Ich versuchte
noch, links an ihm vorbeizufahren. Das schaffte ich
aber wohl nicht so ganz und prallte gegen ihn. Ich
hörte noch den Knall und spürte gleichzeitig den Airbag auf mich zukommen. Dann wurde es um mich
herum völlig dunkel.

Wie lange dieser Zustand dauerte, weiß ich nicht.
Ich weiß nur, dass die Dunkelheit irgendwann ein
bisschen heller wurde, aber nicht sehr. Es war wie
eine Art dichter und dunkler Nebel mit nur einem
ganz schwachen Lichtschimmer. Ich konnte nicht sit-
zen und liegen, nicht die Augen schließen und nicht
schlafen. Vielmehr war ich nur in dieser eigenartigen
Dunkelheit wie in einer Art Gefängnis, aus dem man
offenbar nicht ausbrechen konnte. Aber nirgendwo
war ein Schließer zu sehen. Ich fühlte mich wie in
einem Knast, aber ohne Bewachung. Auch konnte ich
nirgendwo hingehen. Wohin sollte ich mich auch begeben? Ich hatte mich in meinem ganzen Leben noch
nie so elend gefühlt wie jetzt.

Einen Körper besaß ich offenbar auch nicht, denn
ich sah und fühlte keinen Leib. Wo war ich hier

eigentlich und in welchem sonderbaren Zustand? Im normalen Leben war ich wahrscheinlich nicht. Denn dann hätte ich wohl meinen sicher schwerverletzten Körper gesehen. Aber trotzdem schien ich noch zu existieren. Wie konnte so etwas denn nur möglich sein? Früher hatte man uns auch in der Schule beigebracht, dass beim Tod alles restlos zu Ende ist. Aber was war denn mit mir los? War ich nun tot oder noch nicht so ganz? Jedenfalls wusste ich mit meinem Zustand nichts anzufangen.

Wie lange ich so vor mich hin gegrübelt habe, weiß ich nicht. Aber irgendwann lichtete sich das finstere Dunkelgrau. In der immer mehr erhellten Dunkelheit erblickte ich schließlich eine leicht durchscheinende Gestalt, die direkt auf mich zukam. Ich war froh, hier, in dieser trüben Stimmung, überhaupt jemanden zu sehen, und sprach ihn auch unverzüglich an: »Wie gut, dass Sie kommen. Ich habe mich hier schon ziemlich einsam gefühlt. Wer sind Sie denn?«

»Ich begleite Sie bereits seit sehr langer Zeit.«

Ohne darüber nachzudenken, was das bedeuten könnte, antwortete ich spontan: »Dann werden Sie mich ja sicher kennen.«

»Das stimmt. Ich kenne Sie und weiß, was Sie bisher alles so gemacht haben.«

»Und? Finden Sie nicht, dass ich sehr erfolgreich bin?«

»Das kann man aber auch anders sehen.«

»Wie?«

»Sie haben Autos verkauft, die Ihnen nicht gehörten.«

»Die habe ich aber von meinen Geschäftspartnern gekauft.«

»Dabei wussten Sie jedoch, dass sie gestohlen waren. Sie haben sich also an einer kriminellen Handlung beteiligt.«

»Aber immerhin habe ich bezahlt.«

»Sehr, sehr wenig Geld. Wie würden Sie es denn beurteilen, wenn jemand etwas stiehlt, was Ihnen gehört, oder es in vollem Bewusstsein seiner Herkunft für einen Schleuderpreis erwirbt?«

»Das ist kriminell.«

»Damit haben Sie selbst ein Urteil darüber gefällt, was Ihre Handlanger bisher getan und wobei Sie mitgeholfen haben. Beim Stehlen haben Sie also mitgemacht. Denn ohne Ihre Aufträge hätten Ihre Zulieferer kaum einen Grund gehabt, so viele Autos zu stehlen. Einer von ihnen wurde ja auch in Haft genommen, verurteilt und bestraft. Eine große Schuld daran tragen Sie mit.«

»Warum erzählen Sie mir das alles?«

»Ich möchte Ihnen nur helfen, dass Sie Ihr eigenes Verhalten beurteilen.«

»Ich denke aber eher, dass ich in meinem Geschäft Erfolg hatte.«

»Aber zum Schaden vieler anderer.«

»Aus welcher Sicht beurteilen Sie das denn? Sie sind doch sicher kein Richter.«

»Nein, ich beurteile Ihr Leben aus der Sichtweise des Jenseits.«

»Aus dem Jenseits? Und so etwas gibt es?« Trotz der ungewöhnlichen Situation war mir gar nicht bewusst, in welcher Lage ich mich befand.

»Es gibt eine Trennung von Geist und Leib.«

»Also, nach dem Tod geht es tatsächlich weiter? Das ist ja unglaublich. Was passiert denn nun mit mir?«

»Durch Ihr Verhalten haben Sie sich von anderen Menschen abgeschnitten. Zugleich haben Sie sich auch von der Ordnung der Glücksgemeinschaft in dieser Welt — aus irdischer Sicht also im Jenseits — getrennt. Denn hier sind die Geistmenschen in Liebe, Frieden und gegenseitiger Hilfsbereitschaft miteinander verbunden. Wer aber andere Menschen geschädigt und schlecht behandelt hat, stellt sich deshalb außerhalb dieser Gemeinschaft. Er hat das selbst so gewünscht. Und hier wird der freie Wille beachtet.

Denn der existiert auch nach dem Weggang von der Erde weiter, genauso wie das Denken und Empfinden. Leute wie Sie bleiben fern von dieser Glücksgemeinschaft nach dem Abschied von der Erde. Sie wollen dann ja selbst von ihr fernbleiben. Und Sie würden es in dieser Gemeinschaft auch niemals aushalten, weil Sie ja völlig dagegen eingestellt sind.«

»Wer bestimmt das denn alles?«

»Zunächst einmal bestimmen Sie Ihr Leben und Ihre Einstellung in Ihrem Leben und in der diesseitigen Welt selbst. Wer in der Glücksgemeinschaft nicht leben will, muss es auch nicht.«

»Und wenn er es dennoch will?«

»Das hält er mit seiner ablehnenden Einstellung niemals aus.«

»Wenn er aber trotzdem daran teilhaben möchte?«

»Das wird er niemals schaffen. Denn für die Glücksgemeinschaft hat er nicht das richtige Empfinden.«

»Und was ist das?«

»Das sind Liebe, Zuneigung, Mitempfinden und Güte für andere Wesen in dieser Welt. Wer dagegen ist, hält es in dieser Glücksgemeinschaft nicht aus.«

»Ich wiederhole meine Frage: Was ist, wenn einer trotzdem dagegen ankämpft?«

»Das wäre sehr schade und nicht gut. Aber das höhere Wesen hat alle Macht und würde verhindern, dass dadurch die Ordnung in dieser Welt (also dem Jenseits aus Ihrer Sicht) in Gefahr geraten könnte. Das höhere Wesen will jedoch, dass alle Menschen einander in Liebe und Geborgenheit zugetan sind. Wer nicht zur Glücksgemeinschaft gehören will, wird dazu auch nicht gezwungen. Wenn Sie aber dazugehören wollen, müssen Sie sich völlig ändern, wenn Sie ins sogenannte Diesseits zurückkehren – denn das werden Sie.«

»Was muss ich denn dann nur tun?«

»Andere Menschen nicht schädigen, sondern ihnen helfen. Die Möglichkeit dazu haben Sie!«

Damit war mein Gesprächspartner verschwunden, und ich war wieder allein. Zugleich wurde es auch wieder viel dunkler um mich herum, schließlich versank ich in absoluter Finsternis, vermutlich in tiefster Bewusstlosigkeit. Wie lange das so anhielt, weiß ich nicht. Wie mir später erklärt wurde, erwachte ich erst zwei Tage nach dem schweren Unfall in der Station für solche Kranke, die durch ihre schweren Schädigungen ganz besonders überwacht und kontrolliert werden müssen.

Ich spürte Schmerzen in vielen Körperteilen. Und dann dachte ich an mein Geschäft. Wie sollte es dort ohne mich weitergehen? Das war mein erster Gedanke. Mein zweiter Gedanke dagegen befasste sich mit dem Gespräch, das ich in meiner tiefen Bewusstlosigkeit geführt hatte.

Eigenartig war es schon, dass er alle Einzelheiten aus meinem Leben kannte. Von mir konnte er das nicht wissen. Doch er wusste es trotzdem. Dann hatte er mir vor Augen geführt, was von meinen Geschäften zu halten war: Eigentlich hatte nicht er, sondern ich selbst verurteilt, was ich in meinem »Berufsleben« tat. Dann hatte mich ganz besonders nachdenklich gemacht, dass mit dem Tod nicht alles aus sein solle. So hatten wir es früher ja überall gehört und gelernt. Daher konnte ich das so leicht nicht annehmen. Doch hatte ich ja selbst erlebt, dass ich ohne Körper weiterexistierte. Während mein mit Sicherheit total geschädigter Leib im Krankenhaus irgendwie wieder zurechtoperiert wurde, befand ich mich weit weg von ihm, als wäre ich ein absoluter Geist. Und in dieser Eigenschaft »sprach« ich mit einem bis dahin völlig unbekannten Wesen.

Ich überflog in Gedanken alle diese Möglichkeiten und kam zu dem Schluss: Wahrscheinlich ist der irdische Tod doch nicht das Ende. Wenn das jedoch stimmt, dann wäre es kein Fehler, sich auf solch ein Jenseits einzustellen. Und das wollte ich. Daher

*beschloss ich noch im Krankenbett, mein Leben zu
ändern.*

Grigorij L. bestellte fortan übrigens nur noch legal
erworbene Kraftfahrzeuge. Wo er kriminelle Machenschaften zurückverfolgen konnte, entschädigte er
die dabei geprellten Personen. Darüber hinaus stiftete
er manchen Geldbetrag für notleidende Menschen in
seinem Heimatland. Übrigens: Sein Geschäft besteht
immer noch – es funktioniert auch mit ehrlichen Methoden!

Das Schicksal einer Sozialpädagogin

Elisabeth T. hatte nach mehrjährigem Studium endlich ihren Abschluss als Diplom-Sozialpädagogin
geschafft. Auch ihr Freund – inzwischen längst erfolgreicher Diplomkaufmann – freute sich mit ihr.
Nun konnten sie heiraten und eine eigene Familie
gründen. Darauf freuten sich beide am allermeisten.

Doch auch nach mehreren Jahren wollte sich kein
Nachwuchs einstellen. Das tat beiden besonders weh.
Aber es war nichts zu ändern, auch nicht mit den üb-
lichen Maßnahmen und künstlichen Eingriffen.

So kam es, dass Elisabeth T. eingedenk ihrer Ausbildung solche Kinder in ihre Familie aufnehmen wollte, die keine Eltern hatten, die unerwünscht waren oder bei denen es erhebliche Erziehungsprobleme gab. Bei ihrem Weg durch die entsprechenden Behörden gab es viele bürokratische Probleme, bis sie schließlich an einer Stufe ankam, wo man für Erziehungsmithilfe dankbar war. Die zu betreuenden Kinder und Jugendlichen waren beileibe nicht »pflegeleicht«; sie bedurften ganz besonders der Aufnahme und Erziehung in liebevollen, jedoch auch pädagogisch kompetenten Familien.

Elisabeth T. und ihr Mann freuten sich aber über eine kleine, wenn auch eigentümlich zusammengestellte Familie. Zunächst ging alles ganz gut. Das erste aus der Jugendhilfe übernommene Kind war ein fünfjähriger Junge. Er hatte zwar seine Eigenheiten und widersetzte sich den Pflegeeltern ziemlich oft. Aber wozu war die neue Mutter denn diplomierte Sozialpädagogin? Das beste Rezept sei sicher ein zweites Kind, meinte sie. Also übernahm die Familie auch ein Mädchen im Alter von neun Jahren. Es sah zwar lieb und nett aus, stellte sich aber als kleines Ungetüm heraus, weil es alles unternahm, um nur noch den eigenen Willen durchzusetzen. Und das war bei einem frühreifen Mädchen recht viel.

Als die Pflegeeltern schließlich auch noch einen

Zwölfjährigen in ihre Familie aufnahmen, war der Mann von dieser Zusammenstellung schon nach kurzer Zeit alles andere als begeistert. Denn der Pubertierende entwickelte sich sehr schnell zum eigentlichen Herrscher in der Familie. Er sorgte zunächst dafür, dass die übrigen Kinder sich ihm und seinen sonderbaren Wünschen unterordneten, dann wuchs er sich sehr schnell zu einer Art Tyrann der gesamten Familie aus.

Der Vater hatte zunächst auf die Erziehungsbefähigung seiner Frau vertraut. Als die aber nicht viel bewirkt hatte, zeigte er eines Tages seinen Unmut in höchst unverhüllter Form: »Also, den Zirkus mach ich nicht mehr lange mit. Jeden Abend, wenn ich nach Hause komme, hat irgendein Kind hier für Unruhe und Krach gesorgt. Ich habe für sehr viel Verständnis, aber das mach ich nicht mehr länger mit.«

»Nun gib den Kindern doch noch eine Chance. Sie sind noch nicht lange hier. Und denk daran, dass sie ein Leben lang verstoßen waren. Niemand wollte sie haben. Und im Heim haben sie zwar für die Kinder gesorgt. Aber das Elternhaus kann man kaum ersetzen. Und ich will den Kindern so etwas wie ein Elternhaus bieten.«

»Elisabeth, du bist ein guter Mensch. Ich bin auch von der Wichtigkeit eines intakten Elternhauses überzeugt. Aber die Kinder müssen ein solches auch annehmen. Doch das tun sie nicht.«

»Wir müssen noch eine Durststrecke überwinden. Aber es wird uns schon gelingen.«

»Viel Geduld hab ich allerdings nicht mehr. Mein Arbeitstag ist strapaziös genug. Und wenn ich am Abend heimkomme, möchte ich hier Ruhe und Frieden haben. Sonst dreh ich irgendwann nochmal durch.«

Elisabeth T. tat zwar alles, um einerseits die schwierigen Kinder liebevoll zu behandeln und sie dabei möglichst konsequent zu einem umgänglichen Verhalten zu erziehen. Andererseits wollte sie auch ihrem Mann ein harmonisches Leben ermöglichen. Doch ihre Zöglinge – vor allem der älteste – zeigten sich resistent gegenüber allen pädagogischen Maßnahmen. Elisabeth T. wurde bald klar, dass sie trotz ihrer Ausbildung in der Praxis fast zu kapitulieren drohte.

So lief das ein knappes Jahr. Die Frau merkte aber nicht, dass sie sich bei ihrem Spagat auch selbst immer mehr aufrieb und auf dem besten Weg war, an ihrer eigenen Gesundheit größten Schaden zu nehmen. Sie schluckte alle Probleme hinunter, statt notfalls auch mal mit einem berechtigten »Donnerwetter« zu reagieren und sie von sich abzuweisen.

So kam es wenige Monate später eines Abends

zum voraussehbaren Zusammenbruch: Elisabeth T. kollabierte – als die Kinder endlich schliefen und ihr Mann sich beruhigt hatte. Dieser rief in Windeseile einen Rettungswagen, der seine Frau dann mit Blaulicht und Sirene ins nächste Krankenhaus brachte.

Die Pflegemutter fiel in tiefste Bewusstlosigkeit. Über diese Zeit berichtete sie folgendermaßen:

Ich sah, wie mein Mann telefonierte, und bekam mit, wie der Rettungswagen eintraf. Ein Notarzt untersuchte mich äußerst rasch und setzte Infusionsmittel. Dann brachten mich zwei Sanitäter unverzüglich in den Wagen. Mit Sirene und Blaulicht wurde ich ins Krankenhaus gebracht.

Gern hätte ich noch weiterverfolgt, was denn nun im Einzelnen mit meinem Körper passieren würde. Doch da schweifte mein Blick ab, und ich sah mich auf einmal in einer Art dunklem Flur, der an einem Ende finster war und auf der anderen Seite immer heller wurde. Ich strebte dem Licht entgegen, das fast gleißend war, aber eigenartigerweise überhaupt nicht blendete. Dieses Licht wirkte einladend, warm und äußerst anheimelnd; darin fühlte ich mich überaus wohl.

Schließlich trat ich aus dem Flur in die Lichtfülle hinein und sah mich in einem sehr großen Garten.

Es war eine Art Park mit unglaublich vielen Pflanzen, wie ich sie in dieser Vielfalt, aber auch seltenen Schönheit noch nie, selbst nicht in Landes- und Bundesgartenschauen, gesehen hatte.

Und in diesem wunderschönen Garten sah ich etliche Gestalten, man kann auch sagen: Personen, die in dem Garten umhergingen. Ob sie miteinander redeten, konnte ich nicht erkennen, denn sie schienen sich ohne irgendeine Mimik zu unterhalten. Das vermutete ich wegen ihrer einander zugewandten Blicke und ihrer Gestik.

Da sah ich, wie sich eine dieser Personen aus ihrer Gruppe löste und auf mich zukam. Sie war mit einer ganz hellen Lichthülle umgeben. Als sie bei mir war, sprach sie mich an, aber ohne irgendeine Gesichtsbewegung; ich nahm ihre Worte rein geistig wahr.

»Sie sind an einem schweren Herzinfarkt zusammengebrochen«, sagte sie. »Im Krankenhaus sind die Ärzte jedoch erfolgreich bemüht, Ihren Kreislauf und Ihren Herzmuskel zu heilen und wieder zu stabilisieren.«

»Woher wissen Sie das denn alles?«

»Wir sind geistige Wesen. Für uns gibt es keine zeitlichen und räumlichen Grenzen.«

»Wenn das so ist, dann kennen Sie ja wohl auch meine mannigfaltigen Probleme.«

»Das ist richtig. Zunächst wird Ihr Mann veranlassen, dass Ihre drei Pflegekinder bis zu Ihrer Heilung wieder im Heim untergebracht werden, woher sie gekommen sind.«

»Aber das ist nicht gut. Von dort habe ich sie ja aufgenommen!«

»Es geht aber nicht anders. Denn Ihr Mann ist ja in seinem Beruf gefordert und kann nicht noch zusätzlich auf die Kinder aufpassen. Und im Heim gibt sich das Personal alle Mühe. Natürlich sind die Kinder viel lieber bei Ihnen. Deshalb werden sie jetzt wohl erst recht erkennen, dass Sie eine liebevolle Mutter sind und wie gut es ist, bei Ihnen zu leben.«

»Meinen Sie, dass die drei Kinder sich in Zukunft etwas friedlicher verhalten?«

»Darauf können Sie vertrauen. Außerdem wird Ihr Mann den Kindern noch vor dem Rückgang ins Heim ganz kräftig die Leviten lesen und ihnen erklären, wieso Sie zusammengebrochen sind.«

»Und denken Sie, dass es bei meiner Rückkehr besser wird?«

»Es wird viel besser werden. Doch das eine oder andere der Kinder wird zuweilen wieder etwas ›rückfällig‹ werden. Aber Sie können das aushalten.«

»Ehrlich gesagt, am liebsten würde ich ja hierbleiben. Hier ist es wirklich wunderschön.«

»Seien Sie unbesorgt. Sie werden auch wieder hierher zurückkehren. Aber vorher tun Sie noch sehr viel Gutes auf der Erde. Sie werden nicht nur für diese drei Kinder sorgen, sondern noch wesentlich mehr aufnehmen.«

»Wie soll das denn geschehen, wo ich doch jetzt schon so angeschlagen bin?«

»Nach Ihrem Aufenthalt im Krankenhaus und Ihrer weiteren Rekonvaleszenz werden Sie wieder stark sein. Die drei Kinder lernen in dieser Zeit, wesentlich umgänglicher zu sein. Und wenn Sie dann auch noch andere Kinder bei sich aufnehmen, werden diese drei ersten Kinder irgendwann selbst sehr gute Erzieher werden.«

»Und mein Mann?«

»Er wird sich sehr um Sie und um die Kinder kümmern. Sie werden sehen: Sie können noch sehr viel Gutes bewirken.«

Damit war meine Gesprächspartnerin meinen Blicken entzogen. Auch die Aussicht in den wunderschönen Garten veränderte sich, und ich sah schließlich meinen Körper auf der Intensivstation des Krankenhauses: Er war an viele Infusionsschläuche und Kabel angeschlossen. So wurde er therapeutisch versorgt und mit Hilfe der Apparate überwacht.

Wie man mir später mitteilte, befand ich mich

zwei Tage lang im Koma, aus dem ich dann noch
recht benommen und schwach erwachte. Doch ich
lebte. Bald besuchte mich mein Mann. Und wen
hatte er mitgebracht? Er kam jeden Tag mit einem
anderen unserer drei Kinder, die über meinen Zu-
sammenbruch sehr erschüttert waren und tatsächlich
alle drei Besserung gelobten.

Nach ihrer Behandlung im Krankenhaus und einer
Kur kehrte Elisabeth T. nach Hause zurück, ebenso
die drei Kinder, die nun wie umgewandelt waren.
Zwei Jahre später nahm sie weitere Problemkinder in
ihre Familie auf, wie es in ihrer Vision vorhergesagt
worden war. Ihre ersten drei Zöglinge erwiesen sich
dabei als segensreiche Miterzieher. Elisabeth T. und
ihr Mann haben es nie bereut, weitere Kinder bei sich
aufzunehmen, auch wenn diese zunächst alles andere
als umgänglich waren.

Schlussfolgerungen
aus den
Darstellungen

Die Glaubwürdigkeit und
die Frage nach dem »Danach«

Bewusst wurde den Berichten eine umfassende Darstellungsbreite eingeräumt, denn die Nahtodeserfahrungen sollten möglichst erlebnisnah wiedergegeben werden und »für sich selbst sprechen«. Manch einem der Betroffenen mag es nicht leichtgefallen sein, von seinen früheren Irrwegen zu berichten. Doch jeder kehrte auf seine individuelle Weise positiv verändert ins irdische Dasein zurück und hat sein Leben konsequent umgestellt. Dies spricht nicht nur für die Intensität, sondern auch für die Authentizität der Erfahrung.

Zudem wurde jeder Bericht daraufhin überprüft, ob irgendwelche Traum- und Trugbilder, Abweichungen von normalen Denkvorstellungen oder Irrtümer und Fehldeutungen diese Darstellungen hätten verfälschen oder zumindest beeinträchtigen können. Trotz sorgfältigster Recherche und kritischer Prüfung konnte dies in allen hier dargestellten Fällen praktisch ausgeschlossen werden, sodass jeder von ihnen – vor allem im Hinblick auf die Zustände, Ereignisse und Gespräche an der Jenseitsschwelle – höchste Glaubwürdigkeit hat. Den eindrucksvollsten Beweis lieferten aber die Prophezeiungen, von denen die Betroffenen berichteten, bevor die vorhergesagten Entwicklungen und Ereignisse ausnahmslos exakt wie prognostiziert eintrafen.

Auffallend sind auch die Übereinstimmungen der Mitteilungen, von denen die Patienten unabhängig voneinander berichteten. Eine der sich wiederholenden Aussagen ist zum Beispiel die, dass es den Tod als »Ende von allem« nicht gebe. Das, was sich die Menschen unter dem Tod vorstellen, sei nichts anderes als die Trennung in Geistmensch und Leibmensch, heißt es immer wieder. Die sogenannten sterblichen Überreste verfielen. Der Geistmensch aber lebe weiter. Er könne nicht sterben und vergehen. Denn seine Wesensfunktionen und Existenzmerkmale seien nicht sterblich und unterlägen somit auch nicht dem irdischen Lebensende. Diese unsterblichen Wesensmerkmale seien das Denken, das Empfinden und das Wollen. Zwar dienten auch leibliche Organe diesen »Funktionen«, doch hörten diese Wesensmerkmale mit dem irdischen Lebensende nicht auf. Das geht eindeutig aus fast allen Berichten hervor.

Man könnte nun einwenden, dass die Protagonisten der Nahtoderlebnisse »nur« bis an die Grenze oder Schwelle zum Jenseits gekommen, aber letzten Endes nicht wirklich hineingelangt seien. Dem stehen aber die Informationen der »verstorbenen« Dialogpartner entgegen, die sich als zum Jenseits gehörend bezeichneten. Sie schilderten den Betroffenen individuelle Fakten aus deren persönlichem Leben, die jene noch nicht wissen konnten, und die generellen Aussagen waren wie gesagt fast deckungsgleich.

Übereinstimmend haben die Patienten auch davon berichtet, wie ihre Gesprächspartner das Jenseits beschrieben. Dabei war keinerlei Geheimnistuerei oder dergleichen zu erkennen. Danach entfallen im Jenseits zunächst einmal die Vorstellungen von Raum und Zeit. Genau diese beiden irdischen Lebensbedingungen bestimmen einen äußerst großen Teil unseres diesseitigen Daseins. Jeder weiß zum Beispiel, wie wichtig es ist, zum richtigen Zeitpunkt am richtigen Ort zu sein.

Wenn in der jenseitigen Welt neben der Zeit auch alles Räumliche wegfällt, dann stellt sich dennoch die Frage, »wo« denn nun die geistigen Wesen im Jenseits leben und existieren. Hier müssen wir uns zunächst mit der Antwort zufriedengeben, dass Geistmenschen beziehungsweise geistige Wesen sich an keinem Ort befinden, sondern ohne Zeitbegrenzung in einem geistigen Zustand existieren, also in Dimensionen, die unserer rationalen Denkweise in der Regel noch nicht zugänglich sind und sich höchstens intuitiv erahnen lassen.

Das höhere Wesen und die Glücksgemeinschaft

In den Berichten ist vor allem immer dann von einem höheren Wesen – dem Allerhöchsten, dem Weltgeist, Gott – die Rede, wenn die sogenannte Glücksgemeinschaft erwähnt wird. Dieses höhere Wesen ist eindeutig der Mittelpunkt und umfasst alle geistigen Existenzen in jener Gemeinschaft des ewigen Glücks, der immerwährenden Zufriedenheit und der beständigen Geborgenheit und Liebe in der jenseitigen Welt.

Dadurch, dass das höhere Wesen Mittelpunkt und wichtigstes Existenzmerkmal des jenseitigen Lebens ist, ergeben sich dort offenbar auch keine Probleme der Über- und Unterordnung. Alle Geistmenschen sprechen von ihm in durchaus liebevoller Zuneigung und in keinem Fall unterwürfig. Offenbar gibt es in der Glücksgemeinschaft eine derart ungestörte Gemeinschaft in Liebe, Geborgenheit, Zugehörigkeit, Zufriedenheit und Glück, wie sie nach irdischen Vorstellungen undenkbar ist.

Es wird auch gesagt, wieso in dieser Gemeinschaft nur solche geistige Wesen zu existieren vermögen, die darin leben wollen und können. Es heißt, dass all die anderen (etwa mit Hass erfüllten) Geistmenschen in dieser Glücks- und Geborgenheitsgemeinschaft nicht leben *wollen,* aber auch nicht leben *können.*

Dabei scheint aber eins festzustehen: Dieses höhere Wesen ist von einer unvorstellbar gewaltigen Liebe und absoluten Zuneigung zu allen Existenzen erfüllt und durchdrungen, dass dies nach irdischen Vorstellungen weder vollständig verstanden noch hinreichend erklärt werden kann. Und obwohl von Gottes*nähe* und *-ferne* die Rede ist, kann man wegen der Überwindung der räumlichen und zeitlichen Grenzen davon ausgehen, dass die Liebe Gottes auch jene erfasst, die sich von ihm abzuwenden versuchen. Dies schließt das Leben in der diesseitigen Welt natürlich mit ein.

Fast alle Religionen haben die Vorstellung von höheren Wesen. Während sich beispielsweise die Götter der antiken Griechen und Römer durch viele durchaus menschliche Eigenschaften voneinander unterschieden, und der Gott des Alten Testaments ein strafender war, gibt es vor allem in den christlichen Religionen auch die Ansicht, Gott sei wie ein Vater und somit in väterlicher Liebe allen Wesen zugetan.

Den Nahtodeserlebnissen zufolge scheint das höhere Wesen am ehesten dieser letzteren Auffassung zu entsprechen. Es wird eindeutig als liebevoll bezeichnet. Darüber hinaus hat es aber sehr wohl die Macht, die Ordnung des Kosmos zu garantieren beziehungsweise »für Ordnung zu sorgen«.

Weiter lässt sich den Berichten entnehmen, dass das höhere Wesen von allen an der Glücksgemeinschaft teilhabenden und ihr zugehörigen geistigen Wesen uneingeschränkt geliebt wird und diese Macht nicht ausüben muss.

Aber auch die an der Glücksgemeinschaft nicht teilhabenden Wesen erfahren keine Zurechtweisung oder dergleichen. Von einer gegenseitigen Bekämpfung beider Geistgruppierungen war ebenfalls keine Rede. Der freie Wille bleibt bestehen.

Wie soll man sich nun diese Glücksgemeinschaft vorstellen? Im irdischen Leben ist mit dem Begriff »Glück« meist die Befriedigung materieller Bedürfnisse im weitesten Sinne assoziiert. Das entspricht auch vielen religiösen Interpretationen von verschiedenen Arten eines Paradieses. Gegen ein solches »Wunderland« wäre im Prinzip ja nichts einzuwenden. Nur wird hier die Welt auf Erden mit allen menschlich-leiblichen Elementen in eine Dimension hineinversetzt, die rein geistig-seelisch ausgerichtet ist und nur als solche existiert. Geld, Reichtum und die Erfüllung materieller Wünsche sind in der Welt rein geistiger, also leibloser Wesen, völlig ohne jede Bedeutung.

Das führt aber nicht zu einem Empfinden, das Fehlen des Leibes sei ein Mangel. Im Gegenteil: Gerade der Körper ist für alles Geistige im Menschen – zumindest aus der Sicht des Jenseits – wie eine Art Abschirmung. Nach dem Leben im Diesseits hat er jedoch seinen Zweck erfüllt, er ist nun entbehrlich.

Und damit entfallen auch weitere Eigenschaften oder Umstände, die im irdischen Leben von Relevanz sind, etwa so negative wie Überheblichkeit, Eitelkeit, Macht, Überlegenheit, Herrschaft und Unterdrückung. Denn welchen Sinn sollten diese noch in einer Welt haben, die den irdischen Begierden keine Bedeutung beimisst?

Und was geschieht mit solchen geistigen Wesen, die nicht zur jenseitigen Glücksgemeinschaft gehören? Einerseits, so wird einstimmig berichtet, haben sie eine derartige Einstellung, dass sie mit der Glücksgemeinschaft und der damit verbundenen geistig-seelischen Haltung – eine liebevolle Hinwendung zum höheren Wesen wie auch zu allen geistigen Existenzen in dieser Glücksgemeinschaft – nicht einverstanden sind und ihr entschieden widerstreben. Andererseits würden sie es deswegen auch nicht in dieser Gemeinschaft aushalten. Dabei muss man immer bedenken, dass all dies nicht in Räumen nach unserem Vorstellungsvermögen geschieht.

Mit ihrem eigenen Handeln im irdischen Leben sind sie zumeist grundsätzlich einverstanden, auch wenn dies dazu geführt hat, dass andere Menschen zu großem Schaden kamen oder ihr Leben verloren. Ganz sicher gehören zu dieser Gruppe etwa Gewaltherrscher, aber auch rücksichtslose Schwerkriminelle.

Solche Geistmenschen existieren in der absoluten Gottes»ferne«. Dies ist nicht räumlich, sondern als geistig-seelischer Zustand zu verstehen. Da Geistwesen weder an irgendeinen Zeitablauf noch an einen bestimmten Raum gebunden sind, befinden sie sich in *einer absoluten geistigen Existenz*. In diesem Zustand könnten sie rein theoretisch ja auch an der Glücksgemeinschaft teilnehmen, also nach irdischer Vorstellung gleichsam »heimlich und unbemerkt«.

Dass dies dennoch nicht geschieht, ist nur sehr schwer zu erklären. Dennoch soll versucht werden, es in folgenden gedanklichen Schwerpunkten ansatzweise verständlich zu machen:

Erstens widerstrebt diesen Geistmenschen in ausgesprochener Weise sowohl das höhere Wesen als auch die Glücksgemeinschaft. Sie empfinden regelrechten Hass. Sie wollen mit dieser Gemeinschaft nichts zu tun haben.

Zweitens würden diese Geistmenschen nicht bereit sein, sich in einer Gemeinschaft einzufinden, die ihrer Wesensart überhaupt nicht entspricht: Sie waren es auf Erden gewöhnt, über teilweise riesige materielle Mittel und Herrschaftsinstrumente zu verfügen, um sich andere Menschen gefügig zu machen und mit ihrer Hilfe dann wieder weitere zu beherrschen. Dass sie nunmehr als Geistwesen kaum dazu bereit sein dürften, anderen in Liebe, Zuwendung und Friedfertigkeit zugetan zu sein, ist nicht nur nach irdischen Maßstäben plausibel.

Drittens würden es diese Geistmenschen in der ihnen völlig widerstrebenden jenseitigen Glücksgemeinschaft überhaupt nicht aushalten, weil es nicht ihre Welt von Denken, Empfinden und Wollen ist.

Viertens würde das alles entscheidende höhere Wesen – gleichsam im Zweifels- oder Problemfalle – in der jenseitigen Welt der Glücksgemeinschaft auch keine bösartig-negativen Gedanken, Hassempfindungen und störend-zerstörerischen Willensakte zulassen.

Diese Welt der sogenannten Gottes»ferne« – als Trennung von der Welt der Glücksgemeinschaft – hat unterschiedliche Bezeichnungen, wie etwa »Unterwelt«, »Dschehenna« oder »Hölle«. Für jede dieser Namensgebungen gibt es auch ganz bestimmte religiöse Vorstellungen, die nicht übereinstimmen, jedoch gewissermaßen in eine ähnliche Richtung gehende Erklärungen haben.

Zumeist wohnt diesen Vorstellungen die gemeinsame Denkweise inne: Hier haben geistige oder menschliche Wesen ihre ursprüngliche Pflicht nicht erfüllt und müssen jetzt dafür die Folgen tragen.

Werden sie nun im Jenseits in irgendeiner Weise bestraft, zur Rechenschaft gezogen oder aus einer besonderen Gemeinschaft ausgesperrt? Eine derartige Abgrenzung – hier dargestellt als Trennung von der Glücksgemeinschaft – ist mit ziemlicher Sicherheit anzunehmen. Was jedoch je nach Religionsrichtung darüber hinausgeht, lässt sich natürlich nicht restlos ausschließen, ergibt sich aber auch nicht eindeutig aus den Nahtoderlebnissen. Dieser Zustand wird nicht eindeutig beschrieben.

So kann diese jenseitige »Aussperrung« von der Glücksgemeinschaft möglicherweise mit zusätzlichen Leidensempfindungen verbunden sein. Es lässt sich durch die Schlussfolgerungen aus den Nahtoderlebnissen sowie den Überlegungen und abzuleitenden Erklärungen jedoch nicht klar und deutlich bestimmen, mit welchen Begleiterscheinungen dieser Zustand der Gottesferne sonst noch einhergeht.

Logische Folgerungen legen jedoch nahe, dass körperbedingte Schmerzen und Leiden ausscheiden, eben weil zu deren Empfinden leibliche Wahrnehmungsmöglichkeiten erforderlich wären. Daneben gibt es natürlich auch geistig-seelisches Leiden wie beispielsweise etwa Hassliebe, Liebesleid, Heimweh oder Wehmut. Dass mit der Trennung von der Glücksgemeinschaft solche geistig-seelischen Leidensempfindungen verbunden sein können, ist durch die Nahtoderlebnisse zwar nicht eindeutig belegt. Die Möglichkeit ihrer Existenz lässt sich aber auch nicht eindeutig ausschließen.

Von großer Bedeutung ist der entscheidende Hinweis: Geistmenschen existieren in jedem Fall weiter. Natürlich gibt es auch Vorstellungen in bestimmten Religionen, wonach im Anschluss an eine totale seelische Läuterung und Besserung – vielleicht auch in verschiedenen Existenzen des irdischen Lebens – der Übergang in ein absolutes Nichts, also in eine sogenannte Null-Existenz, erfolge.

Der Hinweis auf eine irdische Besserung ist natürlich mit Sicherheit richtig. Aber warum soll denn jemand nach seiner Besserung und Läuterung im Nichts versinken? Im Gegenteil: Es ist doch viel besser, er existiert im Jenseits als »geläuterte und gebesserte Seele und damit als guter Geistmensch« weiter.

Von der Möglichkeit, dass Menschen am Ende ihres Lebens Reue zeigen und den Wunsch äußern könnten, entgegen ihrer Lebensführung doch in der

Glücksgemeinschaft existieren zu können, ist in den hier untersuchten Nahtoderlebnissen zuweilen die Rede. Dies ergibt sich auch bereits aus dem Hinweis jenseitiger Dialogpartner auf Abkehr vom bisherigen Leben bei einer Reihe von Menschen an der Schwelle zum Jenseits.

Die Beurteilung des irdischen Lebens beim Übergang in die jenseitige Welt

Wie aus den hier wiedergegebenen und vielen anderen Berichten von der Jenseitsschwelle hervorgeht, gibt es den Tod nach landläufiger Vorstellung, im Sinne eines Endes »von allem«, nicht. Er ist unser Ausdruck für die Trennung von Leibmensch und Geistmensch.

Den Übergang in die jenseitige Welt gibt es aber sehr wohl. Das folgt schon daraus, dass der Geistmensch weiterexistiert, und zwar in der jenseitigen Welt, während der Leibmensch im Diesseits nach dem Tod verfällt.

Was aber geschieht bei jener Passage? Wie aus fast allen Nahtodeserlebnissen berichtet wird, wird beim Übergang, also an der Schwelle in die jenseitige Welt, zumeist der diesseitige Lebensablauf betrachtet und

beurteilt. Das bestätigen häufig auch die Gesprächspartner aus dem Jenseits, die jene Grenze überschrit-
ten haben.

Diese Sichtung, Einschätzung und Bewertung
einer Vita geschieht offenbar durch den betreffenden
Geistmenschen selbst beziehungsweise mit ihm zusammen, also nicht ohne seine Beteiligung etwa über
ihn hinweg.

Dabei läuft das jeweilige Leben wie eine Art Film
im Schnelldurchgang – gleichsam im Zeitraffer – ab.
Man kann sein Leben und Handeln selbst beurteilen. Zugleich wird es aber auch aus jenseitiger Sicht
gewertet. Dies geschieht offenbar immer im absoluten
Einklang – nach »irdischer Lesart« würde man dazu
vielleicht sagen: »in Absprache« – mit dem höheren
Wesen. Das ist im Jenseits natürlich nicht erforderlich.
Denn geistige Wesen sind in jenen Dimensionen weder an Zeit und Raum noch an diesseitige Kommu-
nikationsvorgänge gebunden. Und selbstverständlich
gilt dies in höchster Form und Vollendung auch für
das höhere Wesen.

Jeder (Geist-)Mensch wird also an der Schwelle
zum Jenseits nach seinem Lebensablauf beurteilt. Das
gilt nicht nur für alles, was er getan, sondern auch für
all das, was er *nicht* getan hat.

Bei der Bewertung scheiden sogenannte Beschönigungsversuche, wie sie bei irdischen Gerichten sehr oft unternommen werden, allerdings aus, weil im klaren Geisteslicht des Jenseits die »Fakten« eindeutig erkennbar sind.

Hinzu kommt auch die individuelle Einstellung eines jeden Geistmenschen dem höheren Wesen und den anderen Geistmenschen gegenüber.

Der Kerngedanke dabei ist, ob jemand von Liebe und Zuwendung einerseits oder von Hass und Abneigung geprägt ist. Danach entscheidet sich, ob jemand in die Glücksgemeinschaft eingeht oder die Trennung von dieser Gemeinschaft erfährt.

Atheismus und Gottesvorstellung

»Religion, Gott, höheres Wesen, Weltgeist, Weiterleben nach dem irdischen Ende? Alles Humbug!« Das ist die Vorstellung vieler Menschen. Sie verwundert eigentlich nicht übermäßig. Dazu ließe sich bei oberflächlicher Betrachtung sagen, sie ergäbe sich eben aus der heutigen Sichtweise und auch daraus, dass die modernen Menschen sich nicht mehr einfach ein Glaubenssystem überstülpen ließen und damit zufrieden wären. Sie stellen sich kritische Fragen wie:

- Wieso soll es so etwas wie ein höheres Wesen geben, einen Gott oder einen überirdischen Geist? Ein höheres Wesen haben wir doch noch nie erlebt und erfahren. Wenn es so etwas wie ein höheres Wesen oder einen Gott gibt, warum hat sich dieses Wesen oder solch ein Gott noch nicht zu erkennen gegeben?
- Was ist das überhaupt – ein höheres Wesen? Lässt es sich sonst irgendwie nachweisen?
- Welche Bedeutung haben Religion, Gott und überirdisch-jenseitiges Leben in der Bewertung durch die Naturwissenschaft?
- Welchen Sinn sollen Religion, Gott und die Weiterexistenz nach dem irdischen Ende eigentlich haben?
- Sind Gottes- und Jenseitsglaube nicht ein Irrtum? Und ist die Religion nicht so etwas wie Verdummung von all denen, die daran glauben?
- Ist der Glaube an ein höheres Wesen und an ein Jenseits in Wirklichkeit nicht die Vertröstung für Menschen mit geringen Chancen im Diesseits auf ein besseres Leben nach dem irdischen Ende?

Für eine atheistische Einstellung gibt es viele Erklärungen: Leugner eines höheren Wesens und eines Jenseits gehen beispielsweise ganz einfach davon aus, nur das sei tatsächlich vorhanden, was sie mit ihren Sinnesfunktionen wahrnehmen könnten. Jeder Mensch lernt von Kindheit an, was er unmittelbar erfährt. Alles, was darüber hinausgeht – also seine Phantasien und seine vielleicht tatsächlich »übersinnlichen« Wahrnehmungen –, ist ihm in vielen Fällen spätestens bis zum Erreichen seiner Pubertät mehr oder weniger aberzogen worden.

Dabei handelt es sich beispielsweise bei unseren visuellen Wahrnehmungen vielfach um »optische Täuschungen«. Wie wir schon in der Schule lernen, sind etwa das, was wir als Farben wahrnehmen, unterschiedliche Reflexionen des Lichts von verschiedener Wellenlänge. Frequenzen, die wir mit unseren Sinnesorganen nicht wahrnehmen, etwa ultraviolettes Licht, sind aber dennoch existent.

Ebenso wissen wir, dass das, was wir als »Materie« bezeichnen und als etwas Solides und Kompaktes erfahren – und dazu gehört auch der Mensch –, in Wirklichkeit eine »sinnvolle« Ansammlung von Molekülen beziehungsweise Atomen ist, in denen in mikrokosmisch gesehen weiten Entfernungen »feste« Teilchen in einer bestimmten Geschwindigkeit umeinander kreisen, zwischen denen »nichts« zu sein scheint. Wer sagt uns, dass es nicht andere Existenzformen gibt, die unterschiedliche Schwingungen haben, aber trotzdem mit unserer »Wirklichkeit« korrelieren? Vereinfacht vorstellbar etwa wie die Interferenzen, die entstehen, wenn sich Wellen im Radio überlagern und wir zwei Sender gleichzeitig hören.

Ein weiteres einfaches Beispiel für die Begrenztheit unseres Vorstellungsvermögens ist die Beschränkung auf die dreidimensionale Wahrnehmung. Viele Phänomene, die wir als unerklärlich bezeichnen und die von manchen geleugnet oder als Trugbilder dargestellt werden, wären wohl nachvollziehbar, wenn wir die richtigen »Antennen« dafür hätten. Gehen wir zum Verständnis einfach mal in die entgegengesetzte Richtung: Wenn wir in einer zweidimensionalen Welt lebten, könnten wir eine Kugel, die eine Ebene schneidet, nur als Kreis wahrnehmen …

Ob es ein höheres Wesen beziehungsweise einen Gott gibt, lässt sich mit irdischen Forschungsmethoden nicht schlüssig beweisen. Man kann sich seine Existenz durch Analogien vorstellbar machen und dadurch, dass man von der Wirkung (der kosmischen Ordnung) auf eine Ursache schließt. Es lässt sich aber auch ebensowenig beweisen, dass es Gott nicht gibt.

Zu den eindrucksvollsten brauchbaren Anhaltspunkten, die hier zur Klarheit entscheidend beitragen, gehören die Berichte von den Nahtoderlebnissen. Sie gehen alle in eine ganz bestimmte Richtung, sie weisen sämtlich darauf hin, dass ein solches höheres Wesen tatsächlich existiert und dass es auch ein Jenseits und ein Weiterleben nach dem irdischen Ende gibt. Der Mensch existiert als Geistmensch mit den geistigen Wesensfunktionen *Denken*, *Empfinden* und *Wollen* weiter. Und ganz entscheidend ist die Aussage, dass es ein »höheres Wesen« gibt. Und dieses höhere Wesen dürfte anders sein als ein alles beherrschender strenger Rache- und Strafgott. So wie die Aussagen lauten, ist dieses höhere Wesen eher wie ein Vater zu verstehen, der von überirdischer Liebe erfüllt ist und von den Menschen auch diese Liebe erwartet. Ebenso wünscht er offenbar auch, dass die diesseitigen Menschen bzw. Geistmenschen und geistigen Wesen im Jenseits ebenso in dieser Liebe einander zugetan sind und friedlich miteinander leben. Störungen in Hass und Unfrieden sind unerwünscht.

Wer dieses Zusammenleben nicht will, muss nicht daran teilnehmen. Er existiert außerhalb dieser gemeinsamen Glückswelt. Störungen dieser Glücksgemeinschaft lässt das höhere Wesen nicht zu.

Tod – Jenseits – und wir

Der Ausdruck *Tod*, der für das Ende des irdischen Lebens benutzt wird, ist irreführend, denn er bezeichnet eigentlich nur die Trennung von »Leibmensch« und »Geistmensch«. Der Geistmensch existiert im Jenseits weiter und kann kein Ende nehmen, während der rein irdische Leibmensch verfällt.

Da die Menschen in der Umgebung einer Person nach dem irdischen Lebensende nur den leblosen Leib sehen und sich darauf konzentrieren, nehmen sie häufig an, mit dem irdischen Ende sei folglich auch die gesamte Existenz dieses Menschen zu Ende gegangen.

Wie aus den Darstellungen der Erlebnisse an der Jenseitsgrenze hervorgeht, existiert dieser Mensch nach dem Lebensende auf der Erde sehr wohl weiter, jedoch als Geistmensch ohne den früheren Bestandteil »Leib«. Deshalb wäre es falsch, vom *Tod* zu reden. Denn das beträfe den gesamten Menschen. Während der Leibmensch normalerweise verfällt, kann der Geistmensch nicht vergehen, weil er aus geistigen Wesensmerkmalen besteht. Er existiert ohne Ende weiter – in der jenseitigen Welt. Dies ist nicht als Ort nach irdischer Vorstellung zu sehen, sondern als Zustand und geistige Existenz ohne Raum und Zeit.

Nach den Berichten gibt es auch *keinen* Übergang in ein so genanntes *»Nichts«*, denn der Geistmensch besteht endlos weiter.

Als absoluter Mittelpunkt dieser geistigen Welt existiert *das höhere Wesen*, das jede Art von Existenz umfasst. Nach irdischen Vorstellungen könnte man auch *Allerhöchster – Gott – Weltgeist* oder *Mittelpunkt des gesamten Lebens* sagen. Nach allen aus den Berichten von der Jenseitsschwelle gewonnenen Erkenntnissen dürfte *dieses höhere Wesen* von überirdischer Liebe erfüllt sein und von den Menschen (im Diesseits) und allen Wesen (im Jenseits) diese Liebe ebenso erwarten.

Im Jenseits unterscheiden sich *die Glücksgemeinschaft* (als Gottesnähe) und die *Existenz der Trennung* (als Gottesferne) voneinander.

Wichtig für die Zugehörigkeit zu der einen oder anderen geistigen Wirklichkeit ist *die gesamte Einstellung eines Menschen*, die er als Geistmensch aus dem diesseitigen Leben mitnimmt.